# CRIME NEGLIGENTE E CULPA
## NA DOGMÁTICA PENAL E NA PRÁTICA JUDICIÁRIA

FRANCISCO DA COSTA OLIVEIRA
MESTRE EM CIÊNCIAS JURÍDICO-CRIMINAIS

# CRIME NEGLIGENTE E CULPA
## NA DOGMÁTICA PENAL E NA PRÁTICA JUDICIÁRIA

CRIME NEGLIGENTE E CULPA
NA DOGMÁTICA PENAL E NA PRÁTICA JUDICIÁRIA

AUTOR
FRANCISCO DA COSTA OLIVEIRA

EDITOR
EDIÇÕES ALMEDINA, SA
Av. Fernão Magalhães, n.º 584, 5.º Andar
3000-174 Coimbra
Tel.: 239 851 904
Fax: 239 851 901
www.almedina.net
editora@almedina.net

PRÉ-IMPRESSÃO | IMPRESSÃO | ACABAMENTO
G.-C. GRÁFICA DE COIMBRA, LDA.
Palheira – Assafarge
3001-453 Coimbra
producao@graficadecoimbra.pt

Março, 2010

DEPÓSITO LEGAL
307192/10

Os dados e as opiniões inseridos na presente publicação
são da exclusiva responsabilidade do(s) seu(s) autor(es).

Toda a reprodução desta obra, por fotocópia ou outro qualquer
processo, sem prévia autorização escrita do Editor, é ilícita
e passível de procedimento judicial contra o infractor.

*Biblioteca Nacional de Portugal – Catalogação na Publicação*

OLIVEIRA, Francisco da Costa, 1969-

Crime negligente e culpa na dogmática penal e
na prática judiciária

ISBN 978-972-40-4138-4

CDU   343

*Todo o acto de autoridade de um homem sobre outro homem que não derive da absoluta necessidade é tirânico*

Cesare Beccaria, *Dos Delitos e das Penas*


*Em caso algum a pena pode ultrapassar a medida da culpa*

(art. 40.º n.º 2 do Cód. Penal)

# NOTA BIOGRÁFICA DO AUTOR

O autor nasceu em 1969, é licenciado em Direito pela Faculdade de Direito da Universidade de Lisboa, onde obteve o grau académico de Mestre em Ciências Jurídico Criminais, foi assistente e leccionou de 1993 até 2001.

Exerce a advocacia desde o início do estágio profissional na Ordem dos Advogados, em 1993.

Obras jurídicas publicadas:

- *O Direito Penal Militar: Questões de Legitimidade*, Associação Académica da Faculdade de Direito de Lisboa, 1996
- *Homicídio a Soldo em Portugal: Fenomenologia e Presença Jurisprudencial*, Associação Académica da Faculdade de Direito de Lisboa, 1999
- *Defesa Criminal Activa (Guia da sua Prática Forense)*, Almedina, 2004
- *A Defesa e a Investigação do Crime (Guia Prático para a Análise da Investigação e para a Investigação pelos Recursos Próprios da Defesa Criminal)*, Almedina, 2004 (1ª edição), 2008 (2ª edição)
- *O Interrogatório de Testemunhas, sua Prática na Advocacia*, Almedina, 2006 (1ª edição), 2007 (2ª edição)
- *Negociação, sua Prática na Advocacia*, Almedina, 2008
- *Litigância*, Almedina, 2009

# ÍNDICE

**INTRODUÇÃO** .................................................................................... 11

**CULPA NO DIREITO PENAL**

I. **Apresentação da Culpa na Dogmática Penal** ....................................... 21
    I. 1. Acepções da Noção de Culpa ....................................................... 21
    I. 2. Culpa e Responsabilidade Penal ................................................... 25
    I. 3. Especialidades Legais da Culpa no Crime Negligente ................. 34

II. **Evolução e Funcionalização da Culpa na Dogmática Penal** ............. 35
    II. 1. Conceito Material de Culpa ........................................................ 35
    II. 2. Funcionalização da Culpa ........................................................... 46
    II. 3. Estado Actual do Conceito de Culpa ......................................... 53

III. **Culpa no Ordenamento Jurídico Penal Português** ......................... 69
    III. 1. Direito Penal Material ............................................................... 69
    III. 2. Do Conceito Material ao Conceito Formal de Culpa .............. 77
    III. 3. Do Conceito Formal à Presunção de Culpa ............................. 80

**NEGLIGÊNCIA NO DIREITO PENAL**

I. **Fundamento Material e Regime Legal** ................................................ 87
    I. 1. Crime Negligente como Crime de resultado ............................... 87
    I. 2. Pressupostos e Requisitos do Tipo Negligente ........................... 91
    I. 3. Causalidade e Resultado Típico .................................................. 96
    I. 4. Categorias da Negligência .......................................................... 100
    I. 5. Preterintencionalidade e Acções Livres na Causa ..................... 105

II. **Tratamento da Culpa Negligente nos Tribunais** ............................... 107
    II. 1. Casos Concretos .................................................................. 107
    II. 2. Referências na Jurisprudência Publicada ................................. 131
    II. 3. A Questão da Presunção Efectiva da Culpa do Agente ............ 137

**CONCLUSÃO: CULPA E CRIME NEGLIGENTE**

I. **Funções Processuais da Culpa no Crime Negligente** ........................ 149

II. **Escolha e Medida da Pena Adequada ao Crime Negligente** ............ 157

REFERÊNCIAS BIBLIOGRÁFICAS ......................................................... 165

# INTRODUÇÃO

A responsabilidade *criminal* em que pode incorrer um dado agente (leia-se, qualquer um de nós) por haver actuado de forma negligente, sempre se me afigurou em alguma medida dissonante, quer no plano da harmonia do sistema jurídico quer no da hierarquia dos valores constitucionalmente protegidos, onde a dignidade da pessoa humana figura em primeiro lugar.

Adquirida a minha formação jurídica em cinco anos de licenciatura, acrescidos do período de mestrado em ciências jurídico-criminais, vim ainda a familiarizar-me pronunciadamente com o estudo e o ensino da dogmática penalista, tendo-me tornando assistente da Faculdade de Direito da Universidade de Lisboa, onde leccionei as disciplinas de Direito Penal I (Teoria Geral da Infracção) e Direito Penal II (Dos Crimes em Especial), ao longo de oito anos consecutivos. A esta académica razão de ciência, embora modesta, devo somar a prática da Advocacia por dezasseis anos consecutivos, ao longo dos quais tenho acompanhado largas dezenas de casos de âmbito criminal. E ainda hoje persiste aquela convicção quanto à dissonância da reacção penal em face de *alguém que não optou por praticar um crime*.

Em termos jurídico sistemáticos, e uma vez que os membros de uma comunidade se encontram adstritos ao cumprimento de uma multiplicidade de obrigações e deveres (impostos pelo ordenamento ou por contrato) será certamente desejável que, nos casos susceptíveis de tutela normativa, à violação (ou não cumprimento) de tais obrigações e deveres correspondam mecanismos de *responsabilização jurídica*. Destarte, prever para as condutas meramente negligentes (1) a produção de consequências jurídicas de ordem contrária aos interesses individuais e mesmo (2) uma responsabilização de natureza sancionatória, parece-nos inteiramente justificado, quer mesmo sob o ponto de vista da funcionalidade da Ordem

Jurídica e até em termos ético jurídicos. Pois, como para qualquer outra espécie de *acto jurídico*, nada impede que se consigne a produção de determinados *efeitos jurídicos* sobre a esfera jurídica do agente que actuou de modo negligente, violando deveres que lhe impunham um comportamento conforme, sobretudo quando a sua actuação tenha sido a causa directa de danos e/ou ofensas de direitos legítimos ou interesses de terceiros. Portanto, e naturalmente, *não é a questão genérica da responsabilização dos agentes por uma actuação negligente aquela que poderá causar estranheza*. Pelo contrário. O desconforto cinje-se apenas às situações de responsabilização *criminal*, prevista para actuações negligentes.

Tal sentimento é, de resto, consonante com o tratamento sistemático da negligência no ordenamento jurídico. Com efeito, ao contrário do que sucede no Direito Civil – onde se consagra uma responsabilidade de âmbito geral para a conduta negligente – no Direito Penal a responsabilidade penal está sujeita à previsão de tipos individualizados[1]. E, já no domínio do Direito Penal, a punição do crime negligente, onde o agente não chega a optar pelo injusto, será ainda *a excepção* e não a regra.

Na essência do Direito Criminal encontramos a pena privativa da liberdade: a reclusão. Aceite na generalidade da doutrina, como o consenso possível sobre a definição do que seja o Direito Penal, é o seu conceito formal, traduzível em algo como: Direito Penal é *o conjunto normativo especial regulador dos pressupostos e circunstâncias dos comportamentos puníveis com penas de prisão*[2]. Integrar, em consequência, a acção negligente no Direito Penal é por isso admitir puni-la com pena de prisão.

Há uma importante consideração prévia a enunciar, sobretudo para quem se tenha apartado da dogmática própria do Direito Penal. Não se confunde a acção negligente com aquelas situações de facto em que não se pode falar sequer de uma actuação humana, apesar de um dado ser humano

---

[1] Aliás, como também sucede nos crimes dolosos, em obediência ao princípio da tipicidade penal.

[2] Sobre a definição de Direito Penal no Direito Português, vide nomeadamente as lições de CAVALEIRO DE FERREIRA, Lições de Direito Penal, Verbo, 1992, EDUARDO CORREIA, Direito Criminal, Coimbra, 1971, GERMANO MARQUES DA SILVA, Direito Penal Português, Verbo, 2005, FIGUEIREDO DIAS, Direito Penal, Coimbra, 1975, TERESA BELEZA, Direito Penal, AAFDL, 1985, FERNANDA PALMA, Direito Penal – Parte Geral, AAFDL, 1994, SOUSA BRITO, Essência e Fundamento do Direito Criminal, AAFDL 1983.

ter sido aparente interveniente. Referimo-nos a casos como os resultantes de uma força irresistível da Natureza, de uma ausência total de consciência, ou outros em que tenha sido de todo impossível a auto-determinação na conduta de um dado sujeito, os quais se deverão considerar materialmente excluídos do Sistema Jurídico-Penal (por correspectiva irrelevância jurídica). Na Teoria Geral da Infracção própria da dogmática penal, a categoria negativa da Acção parece responder adequadamente a tais situações atípicas, retirando-as liminarmente da esfera de imputação ao tipo de ilícito (ou esfera normativa de protecção penal do bem jurídico). Pelo contrário, a acção negligente é já propriamente uma actuação humana, determinada de forma livre (num sentido ontológico) pelo sujeito. Daí que, para se identificar a violação de deveres de cuidado, tenha sempre de se encontrar um sujeito que se auto-determina na sua conduta.

É no seio da imputação subjectiva ao tipo de ilícito que opera a distinção entre a conduta dolosa e a meramente negligente. Sendo da comum agnição que, quer a intensidade do juízo de censura (culpa) quer o âmbito da responsabilização possível são menores no caso da actuação negligente. O legislador é também sensível a este *desvalor atenuado* da conduta por negligência face ao da conduta dolosa, daí que também a distinção entre ambas se faça, afinal, logo a montante: na própria imputação objectiva. A demonstração deste axioma no nosso ordenamento reside na evidência da moldura abstracta das penas previstas para os crimes negligentes ser sempre menor, mas também reside de imediato no facto de a responsabilidade criminal pelo facto praticado por negligência ser – todos sabemos – excepcional no próprio Direito Penal Português: *Só é punível o facto praticado com dolo ou, nos casos especialmente previstos na lei, com negligência*[3]. Como teremos ocasião de detalhar adiante, a justificação material deste regime reside em primeiro lugar na própria natureza excepcional do Direito Penal, o Direito de última *ratio*, mas também na obviamente *menor intensidade da Culpa* quando a conduta é negligente. Em resultado disso, aliás, a esmagadora maioria das condutas típicas e ilícitas, catalogadas e previstas para protecção dos correspondentes bens jurídicos tutelados, não determina (nem possibilita) a responsabilização criminal da conduta negligente. A Difamação não pode ser cometida com negligência. O Furto não pode ser cometido com negligência. O Dano, e por aí a diante.

---

[3] Artigo 13.º do Código Penal.

Mas, persiste por realizar a Teoria Geral do Crime Negligente. Nos mais variados tratados académicos do Direito Penal, já no seio da moderna *Teoria Geral da Infracção*, o Crime Negligente é comummente tratado como uma subespécie ou subcategoria dogmática do crime doloso. A *forma negligente do crime*, como vem aquele sendo vulgarmente referido (à imagem, aliás, do que sucede com o crime sob a forma tentada, com as formas de comparticipação ou mesmo o crime continuado) é tradicionalmente objecto de referência a propósito da imputação subjectiva, onde se opõe à forma dolosa e se classifica nas duas espécies elementares (*negligência consciente* e *negligência inconsciente*), e algumas vezes vai ainda recuperada como matéria complementar para mais um conjunto de escassas referências finais. É pouco. É estranhamente insuficiente.

De modo reflexo, também a Lei Penal substantiva lhe consagra pouco mais do que uma única referência normativa *material*, para dizer que: *Age com negligência quem, por não proceder com o cuidado a que, segundo as circunstâncias, está obrigado e de que é capaz: a) Representar como possível a realização de um facto que preenche um tipo de crime mas actuar sem se conformar com essa realização; ou b) Não chegar sequer a representar a possibilidade de realização do facto*[4]. Com apoio nesta única previsão de conteúdo dogmático, muitas vezes o legislador constrói – e aguarda que o intérprete-aplicador construa também – o tipo de ilícito do crime negligente correspondente, por meio da conjugação de tal única previsão com as referências que se limita a acrescentar aos tipos de ilícito dos crimes dolosos que proliferam sobretudo em diplomas avulsos: *a negligência é punível*, ou *se a conduta referida no n.º 1 for praticada por negligência, o agente é punido com (...)*. E acresce que, mesmo nos casos de honrosas excepções a esta incipiente técnica legislativa, como são, por exemplo, o Homicídio por Negligência[5] e o tipo da Ofensa à Integridade Física por Negligência[6], mesmo nestes casos, dizíamos:

    *a)* tornam-se evidentes as dificuldades em encontrar elementos de tipo objectivo substancialmente diferentes dos que foram configurados para o tipo doloso – os quais pudessem estabelecer

---

[4] Artigo 15.º do Código Penal, repetido em alguns diplomas avulsos.
[5] Artigo 137.º do Código Penal.
[6] Artigo 148.º do Código Penal.

*pressupostos mais exigentes de dignidade penal* para que opere a responsabilização penal por mera negligência;
b) e – bem mais significativo – nas situações em que o próprio legislador foi sensível à necessidade de elementos normativos próprios e distintos para o tipo de ilícito negligente, logo se revela o *vazio dogmático* que existe a tal respeito, como se denota, v.g., quando se prevêem penas diferentes para o homicídio cometido com *negligência* (simples) e o homicídio cometido com *negligência grosseira*, sem consagrar todavia qualquer critério legal expresso para tal singular distinção entre graus de negligência. A distinção é deixada ao intérprete.

Parece-nos inegável que o Crime Negligente vem tratado também na lei substantiva como uma subespécie ou subcategoria dogmática do crime doloso, perpetuando na origem uma deficiente consagração da responsabilidade penal por negligência. E, na sua relação com a categoria da Culpa (da qual historicamente é oriunda a figura da negligência), tornam-se evidentes as primeiras dificuldades.

Na dogmática penal, a culpa evoluiu de um simples nexo subjectivo necessário à imputação, onde poderia assumir duas formas distintas (dolo ou negligência), para uma categoria autónoma na Teoria Geral da Infracção. Culpa corresponde hoje a um juízo final de censurabilidade, ético e axiomático, sem o qual até poderia operar o preenchimento do tipo mas não operará a responsabilização do agente. Chegados a este conceito normativo, a Culpa a autonomizou-se do dolo e da negligência.

Não obstante, no Direito Penal a responsabilidade por negligência permanece intimamente ligada ao conceito de Culpa, causando algum embaraço sistemático, mais ou menos aparente, mas absolutamente patente na Jurisprudência. Não esquecendo que no âmbito dos crimes negligentes não existe, por parte do agente, uma deliberada opção pelo ilícito, as próprias condicionantes positivas gerais da Culpa – ou sejam: *a)* um agente capaz de entender o alcance dos seus actos; *b)* um agente consciente do alcance ilícito do seu acto; *c)* um agente minimamente livre, perante as circunstâncias exteriores da sua actuação – não se tornam averiguáveis com a mesma exactidão do que sucede nos crimes dolosos. Além disso, na configuração do próprio tipo negligente, o legislador continua a apelar a juízos de censurabilidade por poder e dever ter actuado de outro modo, como veremos melhor adiante.

Por isso, parece subsistir no Direito Penal uma ligação umbilical entre a Negligência e a Culpa, que torna difícil em cada caso concreto, considerar uma independentemente da outra.

Por outro lado, também ao nível do Direito Processual Penal, é notório que não existe qualquer distinção claramente expressa entre o procedimento por crime doloso e o procedimento por crime negligente, não obstante poderem ser encontradas mais de uma razão relevante para que tal acontecesse. Deixaremos também o tratamento desta questão adiante. De resto, no âmbito processual, as implícitas diferenças de tratamento que poderemos vislumbrar – em regras como a dos pressupostos para a aplicação da medida de coacção de prisão preventiva[7], aplicável apenas para crimes dolosos – constituem também a demonstração da *necessidade de elementos normativos próprios e distintos para o procedimento por crime negligente*, ao mesmo tempo que demonstram mais uma vez o referido *vazio dogmático* em torno do Crime Negligente patente na lei.

Cabe, afinal, ao intérprete-aplicador e *maxime* ao próprio julgador realizar a distinção mais profunda entre a responsabilidade pelo crime doloso e a responsabilidade pelo crime negligente.

É nosso convicto entendimento que o Crime Negligente carece de um tratamento mais profundo no terreno da dogmática penal, com consequentes reflexos no aperfeiçoamento do regime legal existente a um tempo, e, a outro, na específica determinação das respectivas sanções. Desde logo, porque a configuração do tipo de ilícito cometido por negligência obedece a um complexo e imbricado conjunto de pressupostos e requisitos próprios, cujo operacionalidade é também singular. Elementos inteiramente distintos do tipo de ilícito doloso, como se demonstra, v.g., pela impossibilidade participação no crime negligente ou pela impossibilidade de se configurar a tentativa do crime. Portanto, justificar-se-ia aquele tratamento autónomo não apenas em razão de um diferente mecanismo de subsunção à lei penal, mas sobretudo porque mesmo nos casos (já de si excepcionais) em que a lei consagra pena de prisão para a prática de um acto negligente, em nosso entender:

    *a)* são colocados em causa vários dos aspectos que integram a categoria da Culpa Penal;

---

[7] Artigo 202.º do Código de Processo Penal.

*b)* são testados os limites do Princípio da Culpa no Direito Penal, enquanto fronteira do Princípio da Dignidade Humana;

*c)* são desvirtuadas – praticamente em todas as frentes, exceptuando talvez os casos de reincidentes em ilícitos de significativa dignidade penal – as finalidades da pena, tal como estas são entendidas no Ordenamento Jurídico Português actual.

Este livro, porém, não se destina a tal aprofundamento ou investigação dogmática. Na esteira das nossas publicações anteriores, a finalidade também desta obra é eminentemente prática, destinando-se em primeiro lugar ao profissional da advocacia. Pretendemos de algum modo elucidar aquilo que a lei oculta, acerca do Crime Negligente, seu fundamento e vectores jurídico-dogmáticos de análise, ao mesmo tempo que tentaremos contribuir com elementos de reflexão que possam auxiliar o causídico na sua *praxis* judiciária.

Por necessidade lógica e rigor de análise, partiremos da noção de Culpa e da respectiva função estrutural no Ordenamento Jurídico Penal Português, missão que se tornaria absolutamente inútil se realizada sem o mínimo de profundidade que tal tema requer. Com efeito, será ulteriormente nas imbricadas teias da correlação da Culpa Criminal com o Crime Negligente que iremos sustentar as várias considerações conclusivas que deixaremos para final deste livro. A meio deste percurso, e mantendo a preocupação de tornarmos acessível a todo o jurista a linguagem dogmática própria do Direito Penal salvaguardando todavia o rigor doutrinário que igualmente se exige, trataremos de recuperar os mais importantes aspectos dogmáticos do Crime Negligente – suas particularidades e axiomas fundamentais. Isto, de modo a chegarmos finalmente à análise da Culpa Negligente, mas não sem antes considerarmos vários aspectos da prática judiciária e da Jurisprudência acerca dos Crimes Negligentes, já munidos de sólidas ferramentas de reflexão e do conveniente contexto jurídico.

CULPA NO DIREITO PENAL

## I. Apresentação da Culpa na Dogmática Penal

### I. 1. Acepções da Noção de Culpa

*Culpa* é, antes de mais, uma expressão inegavelmente equívoca, em virtude dos plúrimos significados que lhe são atribuídos e das múltiplas utilizações de que é objecto. Talvez seja mesmo difícil encontrar na Língua Portuguesa outra palavra que possa concorrer com tantos (e tão subtilmente diferentes) significados e que, concomitantemente, seja reclamada como conceito técnico por tão diferentes ramos do conhecimento humano[8].

Não pensando sequer nos significados possíveis da ideia de culpa na linguagem corrente – em que pode estar associada a um facto, a um sentimento, a um atributo ou até a uma acção –, é facto notório que *culpa* é uma noção reivindicada pela Ética, pela Moral, pela Teologia, pelo Direito, pela Religião, pela Psicologia e a Psicanálise, pela Sociologia, até pela Literatura, como um conceito próprio, rico em conteúdo, por vezes até desempenhando funções insubstituíveis[9]; pelo que facilmente se ilustra o fenómeno da equivocidade do termo *culpa*.

---

[8] É bem ilustrativo o facto de outros idiomas, como o Inglês, se socorrerem de diversos vocábulos para designar várias das acepções que o idioma Português consagra para "culpa", tais como *guilt*, *fault* e *blame*.

[9] Veja-se, a título ilustrativo, a imensidão da construção dogmática da Psicanálise sobre o denominado "complexo de culpa". De acordo com SENA ESTEVES, este complexo designa uma entidade psíquica com génese no inconsciente em conflito com o Eu, sob a forma de um sentimento genérico de ser culpado. De acordo ainda com o mesmo autor, "*Os complexos de Culpa têm origem genérica na função moral (Jung), concretizada numa evolução neurótica do complexo de Édipo e correspondente formação anormal da instância crítica do super-eu (Freud), e em correlação com a evolução subsequente dos*

Etiologicamente, a palavra portuguesa *culpa* corresponde directamente à expressão homónima latina, que por sua vez deu origem às palavras derivadas *culpar* (do latim *culpare*), *culpabilidade* (do latim *culpabile*), *culpado* (do latim *culpatu*), *culpando* (do latim *culpandu*), entre outras[10]. Em termos linguísticos, *culpa* tanto pode significar o acto repreensível praticado contra a lei ou a moral (delito ou pecado), como pode significar a consequência moral de se ter feito o que não se devia fazer, ou ainda a responsabilidade atribuída pela prática de um acto repreensível, ou ainda mesmo a própria causa de um mal ou infortúnio (nexo causal), entre outras hipóteses ainda.[11]

No campo ético-religioso, que mais cedo ou mais tarde influenciaria todo o pensamento ocidental, é comum a distinção de duas vertentes de *culpa*: uma objectiva e outra subjectiva. A vertente objectiva da culpa supõe a dupla valência do Bem e do Mal, postulando a culpa como a consequência do desrespeito dos imperativos ético-religiosos, no quadro da liberdade da conduta humana; pelo contrário a vertente subjectiva de *culpa*, traduz-se num sentimento doloroso de culpabilidade, importando os problemas da auto-atribuição e hetero-atribuição, a um sujeito, da imputabilidade e da responsabilidade pela prática de actos faltosos[12].

Porém, desde há muito que o mundo jurídico reclama também uma noção própria de culpa, tornando-a numa noção-chave de diversos institutos jurídicos e atribuindo-lhe conteúdos específicos para os diversos ramos do Direito.

---

*sentimentos de inferioridade, insegurança e de vontade de domínio (Adler)*". Para mais desenvolvimentos, *vide* SENA ESTEVES, *Culpa e Psicanálise* (com abundante bibliografia), Lisboa, 1964.

[10] De acordo com a Sociedade de Língua Portuguesa, na sua obra *Grande Dicionário da Língua Portuguesa*, Tomo III, Lisboa, Amigos do Livro Editores, 1981, pp.586 ss.

[11] *Idem*. Em sentido coincidente *vide*, ainda, *Dicionário Enciclopédico Koogan Larousse Selecções*, Vol.1, Lisboa, Selecções do Riders Digest, 1980, p.262.

[12] De acordo com AIRES GAMEIRO em *Função Culpabilizante e Desculpabilizante da Palavra de Deus*, "Brotéria", n.º 97, 1973, pp.547-562, em que o mesmo afirma ainda que: "*No plano religioso a Revelação (Bíblia, Alcorão) é culpabilizante (revela a culpa e o pecado) numas áreas e desculpabilizante noutras, oferecendo um processo religioso de exculpação único: revelando o Pólo Transcendente (Deus) da culpa (pecado) como Senhor da Lei e do Perdão: Aquele que salva perdoando, reatando no amor a relação com o pecador que reconhece a sua auto-insuficiência radical e assume os seus actos maus.*".

Na verdade, já o Direito Romano apresentava uma vasta e complexa teoria da culpa, cuja base fundamental era construída sobre a distinção – dentro de uma noção de *culpa lato sensu* que consistia num título de imputação subjectiva de um acto a um agente – entre o *dolus malus* (o dolo, a culpa em sentido impróprio, ou intenção maléfica) e a *culpa stricto sensu* (a mera culpa ou simples negligência).

Mas, para lá desta distinção, muitas outras classificações demonstram o profundo trabalho dos jurisprudentes romanos sobre o conceito de culpa, como seja a distinção, dentro da *culpa stricto sensu*, dos graus de *culpa lata*, *levis* e *levissima*; ou ainda a diferenciação de padrões de apreciação da culpa, como seja a *culpa in abstracto*, a partir do padrão do *prudens paterfamilias*, e *culpa in concreto*, apreciada somente sobre a conduta do próprio agente; ou ainda a distinção de diversas modalidades de culpa, consoante a actividade do sujeito, como a *culpa in faciendo, in non faciendo*, a *culpa in vigilando, in contrahendo, in omnitendo, in eligendo, in custodiendo*, etc[13].

No entanto, especificamente no ordenamento jurídico português, embora oriundo de uma noção jurídica romanista, o conceito de culpa sofreu significativa evolução, revelando na presente data a existência de conteúdos diversos, consoante nos situemos no Direito Penal[14], no Direito Civil[15], no Direito Comercial[16], quer ainda no Direito Canónico[17], ou até

---

[13] De acordo com BERNARD KUBLER, *Les degrés de faute ans les systèmes juridique de l'antiquité*, em "Introduction à l'étude du Droit Comparé (Recueil d'études en l'honneur de Ed. Lambert)", vol.I, Paris, 1938, em conjugação sumária com a obra tratadista de BIAGGIO PETROCELLI, *La Colpevolezza*, Padova, 1957.

[14] Por todos, J. OLIVEIRA ASCENSÃO em *Direito Penal 1, Roteiro*, AAFDL, 1995/96, p.89, regista: "*Culpa, palavra ambígua. Significa ou pode sugnificar: 1) Negligência. 2) Dolo. 3) Dolo ou negligência. 4) Situação anímica que funda a culpabilidade. É este último o sentido que interessa em Direito Penal*".

[15] No Direito Civil, certos institutos gerais como a responsabilidade civil, a pré--contratualidade, o incumprimento contratual, entre outros, parecem assentar em noções de culpa construídas na esteira da tradição romanista, entendendida ora no seu sentido lato – como o todo do nexo subjectivo psicológico do agente com o facto, ou, por vezes, identificando-se com o próprio dolo (cuja construção civilista também não é absolutamente unívoca) – ora no seu sentido estrito – como negligência, ou mera culpa. Neste sentido genérico M. GOMES DA SILVA afirmava que "*A palavra culpa emprega-se, em linguagem jurídica, num sentido amplo, para designar tôdas as formas de vínculo moral entre uma pessoa e um acto ilícito (...) Em sentido restrito, compreendem-se na significação do têrmo culpa apenas as duas últimas modalidades do nexo moral* (culpa consciente ou

mesmo no Direito Fiscal[18], sem prejuízo de as respectivas diferenças serem, por vezes, bastante subtis, ou até mesmo meramente linguísticas.

---

negligência consciente e culpa inconsciente ou negligência inconsciente)" (*Apud* MANUEL GOMES DA SILVA, *O Dever de Prestar e o Dever de Indemnizar*, Vol.I, Lisboa, 1944, p.169). Para uma visão sumária do problema, entre muitos, *vide* ainda MANUEL GOMES DA SILVA, *Conceito e Estrutura da Obrigação*, Lisboa, 1943, pp.31 ss., GUILHERME ALVES MOREIRA, *Instituições do Direito Civil Português*, II Vol., Coimbra 1916, pp.145 ss, MANUEL A. DOMINGUES DE ANDRADE, *Teoria Geral das Obrigações*, 2ª edição, Coimbra, Almedina, 1936, pp.339 ss., FERNANDO PESSOA JORGE, *Direito das Obrigações*, Lisboa, AAFDL, 1963, pp.306 ss., INOCÊNCIO GALVÃO TELLES, *Direito das Obrigações*, 6ª edição, Coimbra, 1989, pp.340 ss., JOÃO DE MATOS ANTUNES VARELA, *Das Obrigações em Geral*, Vol.I, Coimbra, Almedina, 1989, pp.535 ss., MÁRIO JÚLIO DE ALMEIDA E COSTA, *Direito das Obrigações*, 3ª edição, Coimbra, Almedina,1979, pp.383 ss., ANTÓNIO MENEZES CORDEIRO, *Direito das Obrigações*, 2.º vol., Lisboa, AAFDL, reimp.1990, pp.307 ss.

[16] O Direito Comercial parece importar do Direito Civil o seu modelo básico de conceito de culpa, porém, na adaptação às necessidades de imputação específicas daquele ramo do Direito, consoante nos situêmos, por exemplo, no âmbito do Direito Societário, do Direito dos Títulos de Crédito, ou até do Direito Comercial tradicional, surgem certas figuras de construção dogmática própria, como sejam a *culpa in eligendo*, a falência culposa, entre outras.

[17] De acordo com ALVES LOURENÇO, em *Enciclopédia Luso-Brasileira de Cultura*, Vol.6, item "Culpa Dir.Can.", Lisboa, Verbo, 1979, pp.567, o Direito Canónico também apresentou, desde o início da sua existência, um conceito próprio de culpa, designado indiferentemente nas fontes por incúria, negligência, culpa ou acaso. A culpa pressupõe a causalidade física e moral (consciente e livre) de um delito. "*Em Teologia* (culpa) *significa imputabilidade, grave ou leve, diante de Deus.(...) Em sentido canónico: acção ou omissão voluntária e impensada da qual resultou um efeito delituoso que podia e devia ser previsto e evitado por quem fez ou omitiu a acção.*", idem.

[18] Também o Direito Fiscal – ainda hoje contestado como ramo autónomo do Direito – adoptou, durante muito tempo, uma noção própria de culpa, a par de tantas outras singularidades deste ramo de Direito, criadas muitas vezes em função das necessidades de eficácia e pragmatismo da Administração Fiscal e em detrimento dos direitos dos particulares. Assim, a propósito da responsabilidade subsidiária dos gerentes e administradores, quanto às dívidas fiscais das sociedades comerciais, o art. 16.º do Código de Processo das Contribuições e Impostos previa, até à entrada em vigor do D-L n.º 68/87 de 9 de Fevereiro (definitivamente ultrapassados pelo art. 13.º do novo Código de Processo Tributário) um conceito de culpa funcional, automaticamente presumida de modo inilidível, que importaria um nexo de responsabilidade subjectiva sempre que se exercessem cargos de gerência ou administração, de direito e de facto, no período em que se houvessem formado as obrigações fiscais. Materialmente, esta solução oscilava entre a consagração de um conceito próprio de culpa e uma imperfeita técnica legal de consagração de responsabilidade objectiva, não assumida pelo legislador, em contraposição ao que se passa com

Todavia – e evidentemente – **neste trabalho iremos ocupar-nos exclusivamente de uma noção de culpa própria da dogmática jurídico--penal**, em prejuízo da abordagem do conceito de culpa em todo o Direito, enquanto sistema unitário.

Com efeito e curiosamente, é precisamente no ramo do Direito Penal que a categoria da culpa conheceu um desenvolvimento sistemático sem paralelo, o que, de certo modo, não deixa de ser natural, uma vez que este é o ramo do Direito cuja evolução mais se prende com o instituto geral da imputação de responsabilidade.

Contudo, nem mesmo em sede exclusiva do Direito Penal é possível apresentar uma noção de culpa que se reconheça como perfeitamente unívoca, quer em virtude de uma utilização plural para designação de diferentes realidades dogmáticas, quer em virtude da polémica doutrinária que a envolve desde a sua autonomização na sistemática penalista, como veremos mais adiante.

I. 2. Culpa e Responsabilidade Penal

A Culpa encontra-se a par de e interligada com várias outras das noções elementares do *corpus iuris* penal. Começaríamos por dizer que a responsabilidade penal, na sistemática do crime, corresponde ao desencadear da punibilidade em virtude de juízos de valor necessariamente posteriores ao momento da constatação da ilicitude do facto tipificado na lei.

De acordo com a fundamentação dogmática do Direito Penal, expressa pela construção jurídica da moderna Teoria Geral da Infracção pós-finalista, a responsabilidade penal apenas surge na esfera jurídica do agente quando o facto ilícito praticado pelo agente é sujeito a um *juízo valorativo distinto da antijurisdicidade*[19], onde se indagará, a um tempo

---

determinados institutos do Direito Civil. *Vide*, entre outros, D. LEITE DE CAMPOS, *A Responsabilidade Subsidiária, em Direito Tributário, dos Gerentes e Administradores das Sociedades*, R.O.A., ano 56, Lisboa, 1996, pp.477 ss., J. TEIXEIRA RIBEIRO, anotação ao Acórdão do S.T.A. de 28.11.90, em R.L.J. n.º 3815, pp.49 ss. e ANJOS DE CARVALHO e RODRIGO PARDAL, *Código de Processo das Contribuições e Impostos Anotado e Comentado*, 1969, pp.138-139.

[19] Também em Direito Penal a distinção entre ilicitude e antijurisdicidade é bastante importante. Na verdade, no Direito Penal só o acto (típico e) ilícito é susceptível

do merecimento ou não da punição e, a outro tempo, da medida desta última.

Nenhuma conduta típica e ilícita é, *per si*, automaticamente merecedora de punição jurídico-penal, porque o próprio conceito analítico de crime, da maneira como é modernamente entendido, pressupõe uma valoração complementar à da ilicitude do facto. Este momento valorativo, ético e axiomático, posterior ao da constatação da ilicitude, é o juízo de culpa.

O facto, o tipo, a ilicitude e a culpa, constituem o todo da infracção criminal sujeita à punibilidade[20], pelo que, em particular, a culpa surge como a última fronteira material que conduz à responsabilidade penal, legitimando a intervenção estatal e ainda fornecendo critérios para a determinação da medida concreta da pena.

Daí que se estabeleça uma relação estreita e única entre culpa e responsabilidade penal, de modo que sempre que se verifique a primeira, a segunda é desencadeada, salva a eventualidade de não existência de condições objectivas (ou pressupostos positivos e negativos) de punibilidade[21]. Com efeito, "*A culpa é o pressuposto e fundamento da responsabilidade penal (...) Responsabilidade (de respondere) é a consequência ou efeito que recai sobre o culpado.*"[22] E, assim, o conceito de culpa na dogmática penal parece afastar-se significativamente da tradição romanista, para, adquirindo outros contornos, se metamorfosear numa noção essen-

---

de despoletar a responsabilidade do agente, sendo todos os demais actos antijurídicos irrelevantes para a incriminação, salvaguardando todavia eventuais incidências sobre a determinação da medida da pena. "*A contrariedade à lei, ou ao Direito, atribui à acção a qualificação de antijurídica. Mas as modalidades de antijurisdicidade são numerosas. Nem toda a acção antijurídica é ilícita (...)*", J. OLIVEIRA ASCENSÃO *Teoria Geral do Direito Civil*, Vol.III, Lisboa, 1992, p.16.

[20] Na expressão de EDUARDO CORREIA: "*Elemento do conceito de crime é, como se sabe, ao lado da tipicidade e da ilicitude, a culpa*" (em *Direito Criminal*, Vol.II, Reimp., Coimbra, Almedina, 1996, §18.°, 59, p.323).

[21] Sinteticamente: a queixa, a acusação particular, a prescrição do procedimento, a prescrição da pena, o indulto e a amnistia, entre outros. Por todos, vide J. FIGUEIREDO DIAS, *Direito Penal Português, Parte Geral II, As Consequências Jurídicas do Crime*, Lisboa, Aequitas Editorial de Notícias, 1993, pp.44 ss.

[22] M. CAVALEIRO DE FERREIRA, *Lições de Direito Penal*, tomo I, Lisboa, Verbo, 1992, p.260.

cial à Teoria Geral da Infracção Penal e constituir um dos mais relevantes princípios jurídicos do sistema penal[23].

O alcance da importância do princípio da culpa no sistema e na dogmática jurídico-penal pode ainda ser apreendido pela contraposição com a (relativamente) diminuta importância que lhe é reconhecida na dogmática civilista, onde continua a ter um carácter funcionalista no domínio da imputação de responsabilidade por danos[24] e a negligência surge identificada com a mera culpa (ou culpa no sentido restrito), como no Direito Romano.

Bem pelo contrário, o princípio da culpa é unanimemente reconhecido como um dos princípios estruturantes de todo o Direito Penal, a par de os demais[25] que estabelecem as *garantias mínimas do cidadão em face*

---

[23] "(...) *o princípio da culpa passa a pretender assumir uma função de segurança jurídica, delimitativa da intervenção penal baseada em fins utilitários do Estado – torna-se um principio restritivo.*", apud M. FERNANDA PALMA, *Direito Penal, Teoria do Crime*, Lisboa, 1984, p.40.

[24] Com efeito, a categoria da culpa tem conhecido no Direito Civil, apesar de tudo, uma modesta evolução doutrinária, servindo hoje ainda menos fins de imputação de responsabilidade para efeito de ressarcimento de danos, permitindo atribuir a uma dada pessoa jurídica a obrigação de suportar determinadas desvantagens patrimoniais. Consequentemente, não repugna à lógica civilista a estatuição de uma eventual presunção de culpa, ou até, por vezes, a sua não exigência. Neste sentido, MANUEL GOMES DA SILVA, *O Dever de Prestar e o Dever de Indemnizar*, Vol.I, Lisboa, 1944, pp.169 ss e ANTÓNIO MENEZES CORDEIRO, *Direito das Obrigações*, 2.º vol., Lisboa, AAFDL, reimp.1990, pp.307 ss. Por esta contraposição facilmente se constata, além da diferença abissal que separa a culpa penal da culpa civil, também a importância que aquela desempenha na estrutura da infracção criminal.

[25] De acordo com a maioria da doutrina portuguesa: o *princípio da necessidade e subsidiariedade* da intervenção penal (artigos 2.º, 18.º /2, 28.º /2 da Constituição da República Portuguesa) e seu corolário implícito da imperativa preferência por sanções não detentivas; o *princípio da humanidade das penas* (artigos 1.º, 24.º /2, 25.º /2, 30.º /1, 33.º da Constituição da República Portuguesa); o *princípio do non bis in idem* (artigo 29.º /5 da Constituição da República Portuguesa); *princípio da jurisdicionalidade* do processo penal (artigos 27.º /2, 30.º /2, 31.º /1, 32.º e 33.º /4 da Constituição da República Portuguesa); o *princípio da legalidade* (artigos 3.º /2 e 29.º da Constituição da República Portuguesa), com todos os seus corolários de exigência de lei formal escrita (artigos 168.º /1 alínea c) e 29.º /1 da Constituição da República Portuguesa) com o conteúdo precisamente determinado, contrariando a existência de tipos abertos e de normas penais em branco (artigo 29.º /3 da Constituição da República Portuguesa), proibição da retroactividade das leis de conteúdo desfavorável ao arguido (artigo 29.º /4 da Constituição da

*dos poderes punitivos do Estado*[26], tanto que assumiu estatuto de princípio basilar e inquestionável em todos os sistemas jurídicos ocidentais, em obediência ao brocardo *nulla poena sine culpa*.

Se o Direito Penal é um sistema de "última *ratio*", vocacionado para o sancionamento de condutas de *acentuado desvalor ético-normativo*, talvez seja mesmo a categoria da culpa aquela que mais significado avoca no âmbito da justificação e da aferição da carência de tutela penal, em geral e perante o caso concreto[27].

---

República Portuguesa), proibição da analogia enquanto incriminatória e proibição de métodos interpretativos que extrapolem a letra da lei penal qualificadora ou determinadora de pena (artigo 29.º /3 da Constituição da República Portuguesa), a tipicidade e a conexão formal imperativa entre a pena aplicada e o crime previsto (artigo 29.º /1 da Constituição da República Portuguesa); o *princípio da aplicação retroactiva das normas penais de conteúdo mais favorável ao arguido* (artigo 29.º /4 da Constituição da República Portuguesa). Para desenvolvimentos, por todos, J. SOUSA BRITO, *A Lei Penal na Constituição*, em "Textos de Apoio de Direito Penal", tomo II, AAFDL, 1983/84, pp.5-62 e ainda M. FERNANDA PALMA, Da Definição Material de Crime para os Princípios do Direito Penal, em "Direito Penal, Teoria do Crime", Lisboa, 1984, pp.29 ss.. Em acréscimo, é conveniente salientar que todos os restantes princípios constitucionais, não específicos do sistema penal são também inquestionavelmente vinculativos, trazendo por isso implicações dogmáticas não menos importantes, como sejam, *v.g.* o *princípio da igualdade*, o *princípio da dignidade da pessoa humana*, o *princípio da liberdade de pensamento e de expressão*, entre muitos, bem como ainda, todos aqueles princípios que sejam aceites como integrantes da noção de Constituição material, e que, igualmente, vinculam o legislador. Acerca do conceito de Constituição material, *vide*, por todos, JORGE MIRANDA, *Manual de Direito Constitucional*, Tomo II, Coimbra Editora, 1985, pp.14 ss.

[26] Garantias estas que são essenciais para se compreender o sentido da existência do próprio poder punitivo. Para uma compreensão integrada das características actuais do poder punitivo penal do Estado face ao cidadão será, sem dúvida, imprescindível considerar que o mesmo, não sendo originário da moderna estrutura do Estado de Direito Democrático, é hoje objecto de importantes limitações. De facto, desde a instituição de um poder punitivo centralizado, aquando da formação do Estado Monárquico, o *ius puniendi* sofreu inevitáveis transmutações (em termos de meios, de exclusividade, de legitimidade, de limites) decorrentes da evolução da própria concepção de Estado vigente. Assim, a manutenção de um poder punitivo exercível – hoje em situação de monopólio – sobre o cidadão individual, carece de uma nova justificação, de uma nova legitimidade e de contornos próprios, compatíveis com os fins do Estado e com os demais estandartes do Estado de Direito Democrático. Subordinado à lei, e por essa via fundado na legitimidade democrática, o poder punitivo do Estado assume hoje a sua gravidade máxima pela pena de prisão, sanção exclusiva do Direito Penal, submetida por isso mesmo aos rigorosos limites impostos pela moderna teoria dos fins das penas. Para desenvolvimentos, *vide* J. SOUSA BRITO *Para*

Neste contexto, é à culpa que cabe a função última de julgar sobre o cabimento da lei penal, como afirma ROXIN: "*A responsabilidade depende de dois dados, que terão que acrescer ao facto ilícito: a culpa do agente e a necessidade preventiva de uma sanção penal, necessidade esta que deve ser extraída da lei(...) A necessidade preventiva não precisa então de qualquer fundamentação especial, pelo que a responsabilidade penal se verifica, desde logo, com a existência de culpa.*"[28]

Nem mesmo as mais recentes evoluções da dogmática penalista conseguem verdadeiramente pôr em causa a importância central da culpa no Direito e na responsabilidade penais, como por exemplo a progressiva

---

*Fundamentação do Direito Criminal*, em "Textos de Apoio de Direito Penal", Lisboa, AAFDL, 1983/84, pp.127-233, extraído de *Direito Criminal*, Lisboa, ISCSPU, 1963 e *Teoria do Direito*, Lisboa, AAFDL, 1976/77.

[27] É entendimento geral que o Direito Penal seja mais eficaz do que qualquer outro Direito sancionatório, em termos de coacção máxima ao cumprimento da norma, o que, no entanto, não é por si suficiente para o justificar. Ou seja, o facto de o Direito Penal ser o que mais fortemente tutela o cidadão, não justifica que a sua criação possa obedecer a critérios de pura conveniência político-legislativa. Com efeito, a tutela penal, pelo seu carácter atentatório contra os direitos fundamentais dos cidadãos, para além de subsidiária, deverá ser objecto de reserva para determinadas condutas cujo desvalor social se exprima, não apenas numa pura ofensa de interesses, mas numa ofensa de valores sociais profundos por parte de um agente, revestida de um carácter ético-subjectivo disconforme com a exigibilidade social mínima. Isto porque a lei penal não é uma lei desejável. De facto, quer o ilícito criminal quer a sanção penal, constituem, não um bem, mas dois males menores, perante a ofensa impune de bens jurídicos essenciais, como reconhece GIMBERNAT ORDEIG ao conceber a pena como "*amarga necessidade dentro da comunidade de seres imperfeitos que os homens são*" (*Estudios de Derecho Penal*, Madrid, Civitas, 1976, p.68) havendo mesmo quem sugira a abolição total de todo o Direito Penal e da própria noção de crime, como LOUK HULSMAN (na sua obra *Peines Perdues. Le systeme pénal en question*, Paris, 1982), propondo a sua substituição por um sistema baseado no instituto da "*situação-problema*" em que, face à lesão já ocorrida do bem jurídico, se deveria procurar individualmente a melhor solução para compensar as vítimas e onerar os infractores de modo socialmente útil, num compromisso homulgado pelo tribunal. Mas, se tal corresponde a uma solução radical, o certo é que a unanimidade surge apenas em volta da subsidiariedade do Direito Penal. Assim se explica o movimento de descriminalização dos últimos anos que, eventualmente, culminou com o surgimento de um novo ramo do Direito, o Direito das sanções pecuniárias, ou de Mera Ordenação Social.

[28] CLAUS ROXIN, *Questões Fundamentais da teoria da responsabilidade*, tradução portuguesa M.Conceição Valdágoa, Revista Portuguesa de Ciência Criminal, n.º 4 (1991), pp.502 ss.

consagração da responsabilidade penal de pessoas colectivas, em obediência aos modernos imperativos da Política Criminal, embora com prejuízo da absoluta integridade do tradicional conteúdo da culpa penal.

Todavia, ainda hoje, se manifesta a inquestionável importância da culpa no todo do *corpus iuris* penal, designadamente nas suas vertentes de:

– categoria dogmática de imputação de responsabilidade;
– princípio de fundamentação da aplicação de pena privativa da liberdade, orientador de inúmeras normas;
– critério material de aferição da medida concreta da pena[29].

Neste âmbito, e uma vez estabelecidas na lei as incidências da culpa ao nível da imputação subjectiva e ao nível da aferição da medida da pena, cumprirá primeiramente e sobretudo (re)afirmar o significado daquela no domínio da fundamentação, abstracta e concreta, e da legitimidade da aplicação da pena privativa da liberdade[30]; isto é, a culpa como *fundamento material da responsabilidade penal*[31].

De facto, e como sobejamente veremos, o Direito Penal que não houvesse de dirigir-se para a punição de condutas culposas[32] seria algo de

---

[29] Em idêntico sentido, desenvolvendo a classificação de HANS-HEINRICH JESCHECK em *Tratado de Derecho Penal*, Vol.I, Barcelona, 1978, p.36, *vide* M. FERNANDA PALMA, em *Direito Penal, Teoria do Crime*, Lisboa, 1984, pp.38 ss.

[30] Neste sentido, A. TAIPA DE CARVALHO afirma que: "*Comecemos por reafirmar o que é indiscutível para uma concepção ética do direito penal: o princípio da culpa é um princípio inviolável que não pode suportar excepções em caso algum. Assim, a culpa não apenas constitui o pressuposto-fundamento da validade da pena, como também se afirma como limite máximo da mesma pena. É este, hoje, um postulado, practicamente, reconhecido por todas as correntes doutrinais e por todos os sistemas jurídico-penais de fundo ético-normativo.*" (em *Condicionalidade Sócio-Cultural do Direito Penal*, Coimbra, 1985, pp.95-96).

[31] J. OLIVEIRA ASCENSÃO, em *Direito Penal 1 – Roteiro*, Lisboa, AAFDL, 1995/96, p.91

[32] Note-se que, no âmbito das medidas de segurança, não é já a culpa o princípio fundamentador da sua aplicação, sendo neste caso a perigosidade do agente o critério principal de fundamentação da intervenção do Estado, a par da proporcionalidade e da danosidade concreta da conduta sujeita ao processo. Para uma caracterização sumária, vide M. LOPES ROCHA, *O Novo Código Penal Português, Algumas Considerações sobre o Sistema Monista das Reacções Criminais*, apud "Para uma Nova Justiça Penal", (1983), Reimp., Coimbra, Almedina, 1996, pp.33 ss.

profundamente aberrante no quadro constitucionalmente estabelecido de um Estado de Direito Democrático.

E é neste contexto que EDUARDO CORREIA afirmava: "*a abolição da culpa na fundamentação do direito penal tiraria aos aparelhos do Estado toda a legitimidade para punir. A culpa, partindo da dignidade humana, terá, antes, que ser sempre fundamento, ou, ao menos, limite da pena*"[33].

Da culpa poderá distinguir-se a *culpabilidade*[34], embora haja quem identifique plenamente os dois conceitos e ainda quem apenas os distinga formalmente, sem neles encontrar distinção material[35]. Mas, de facto, o legislador português parece ter estabelecido uma distinção entre aqueles dois conceitos, ainda que talvez orientado apenas pela necessidade funcionalista de designar duas realidades diferentes, sem olhar à proximidade do seu sentido comum e à idêntica raiz etimológica.

Assim se compreende o teor do artigo 368.º do Código de Processo Penal, cuja epígrafe (*Questão da Culpabilidade*) patenteia claramente a intenção legislativa de atribuir à culpabilidade o sentido genérico da expressão *ser culpado de um crime*, isto é, a plenitude da imputação criminal – típica, ilícita e culposa –, por oposição à noção genérica de inocência.

Registe-se que, se dúvidas restassem quanto a este pormenor, também as alíneas c) e d) do n.º 2 do mesmo artigo 368.º demonstram claramente que o legislador distingue especificamente o momento valorativo da culpa – enquanto categoria dogmática autónoma face à tipicidade e à ilicitude – da culpabilidade, como acima referimos.

Certo é que, no Direito constituído português, não existe espaço para dúvidas quanto à consagração da culpa enquanto pressuposto concreto da responsabilidade penal. Portanto, e uma vez que (por estranho que possa parecer) em qualquer dos principais sistemas jurídicos penais ocidentais[36]

---

[33] Na conferência proferida em 10 de Novembro de 1982, sujeita ao tema *As Grandes Linhas da Reforma Penal*, apud "Para uma Nova Justiça Penal, Coimbra, Almedina, 1996, p.11.

[34] Assim também em J. OLIVEIRA ASCENSÃO, em *Direito Penal 1 – Roteiro*, Lisboa, AAFDL, 1995/96, p.91.

[35] Assim, por exemplo, em M. CAVALEIRO DE FERREIRA, *Lições de Direito Penal*, Vol I, Verbo, 1985, pp.147 ss.

[36] Procurando um paralelo no Direito Penal anglo-saxónico, que ainda se estrutura por uma divisão simples entre elementos objectivos da infracção e elementos subjectivos da mesma (ou *mens rea*), verificamos que o conceito de "*guilt*" surge como a categoria

– cada qual adoptando uma diversa noção de culpa e sujeitando, por sua vez, a estruturação analítica da responsabilidade criminal a parâmetros diversos – é também plenamente válido o princípio *nullum crimen, nulla*

---

unitária da infracção criminal, semelhante ao nosso conceito legal de culpabilidade. Com efeito, para que verifique *guilt* são necessárias: uma conduta consciente (acção), contrária às leis (tipo ilícito), de pessoa capaz (imputabilidade), com discernimento da falta (consciência da ilicitude), sendo o juízo de *guilty* ou *not guilty*, a expressão pura da importância da culpa enquanto última fronteira da responsabilidade penal. Tanto que:"*When is a person guilty in this sense? First, conduct is normally a prerequisite for legal guilt* (...). *Second, the conduct must normally be concious* (...). *Third, there must be legal wrongdoing* (...). *Fourth, one must have the capacity to appreciate the significance of the norms* (...). *Finally, it is normally a prerequisite for legal guilt that there be conscious fault* (...) *there must be a guilty mind*" (apud Encyclopedia of Crime and Justice, Nova Iorque, Free Press, Vol.II, *item* "*Guilt*", pp.822). Também o sistema jurídico-penal francês desde cedo adoptou a expressão homónima "*faute*", para, à imagem do seu Direito Civil (de acordo com HENRI ET LÉON MAZEAUD e ANDRÉ TUNC, *Traité Théorique et Pratique de la Responsabilité* Cívile, Délictuelle et Contratuelle, 16ª ed., Paris, Montchrestien, Vol.I, 1975, pp.429 ss., HENRI FROMAGEOT, *De la Faute Comme Source de la Responsabilité*, Paris, Rousseau, 1987, ALBERT RABUT, *De La Notion de Faute en Droit Privé*, Paris, 1949), designar o título de imputação subjectiva da responsabilidade, graduável consoante a intensidade da vontade delituosa em dolo ou negligência. Assim, embora situados numa estrutura básica que divide a análise do crime em elementos objectivos da infracção e elementos subjectivos da infracção, os franceses também propugnam o brocardo "*pas de responsabilité pénale sans faute*" (Neste sentido, *vide* MICHÉLE-LAURE RASSAT, *Droit Penal*, Paris, PUF, 1987, J.-A. ROUX, *Cours de Droit Criminel Français*, 10ª ed., Paris, 1988, pp.145 ss., H. DONNEDIEU DE VARBES, *Traité Élémentaire de Droit Criminel et de Législation Pénale Comparé*, Paris, 1967, pp.191 ss.). O sistema penal espanhol – que acompanha de perto as evoluções dogmáticas e legislativas alemãs e, logo, também se encontra em grande sintonia com o sistema jurídico português – utiliza-se da noção de "*culpabilidad*" (já M. CAVALEIRO DE FERREIRA chamaria a atenção para o facto de a legislação e doutrina espanhola ter adoptado a palavra equivalente à nossa "culpabilidade" para designar a categoria dogmática da culpa, de contornos absolutamente idênticos à que esta tem no nosso país, *apud, Lições de Direito Penal*, Vol I, Verbo, 1985, p.147) para designar a mesma realidade que cabe à "culpa" no Direito Penal nacional.Pelo que a mesma dimensão que cabe à culpa no Direito Penal Português, corresponderá, em grande medida, à atribuída a esta "*culpabilidad*" espanhola (No mesmo sentido, entre muitos outros, COBO DEL ROSA MANUEL e VIVES ANTON, *Derecho Penal. Parte General*, Univ.Valença, 1982; JOSÉ MARIA RODRIGUEZ DEVESA, *Derecho Penal Español. Parte General*, Madrid, 1981; J. ANTONIO SAINZ CANTERO, *Lecciones de Derecho Penal. Parte General*, Vol.I, Barcelona, Bosch, 1982 e ENRIQUE RUIZ VADILLO, *La Culpabilidad Culposa y la Responsabilidad civil Subsidiaria en el Proyecto de Codigo Penal y la Exigencia de Responsabilidades Civiles en el Supuesto de Sentencias Absolutorias Penales, en el Novísimo Proyecto de*

*poena sine culpa*[37], também no sistema jurídico nacional, pelos motivos próprios que advêm do conteúdo específico da culpa neste, é norma assente e incontestada que o mecanismo de punição penal só pode ser despoletado depois de verificada a culpa do agente[38].

---

*Ley Organica de Reforma Parcial de Dicho Texto Legal*, in "Revista del Ilustre Colegio de Abogados del Señorio de Vizcaya", 1982). Por outro lado, *"colpa"* e *"colpevolezza"* são as duas expressões de recorrência do ordenamento jurídico penal italiano para designar a culpa (muito embora seja inegavelmente a segunda a mais vulgarizada). Pode sumariamente dizer-se que esta *"colpevolezza"* consiste, estruturalmente, nos elementos subjectivos do dolo e da negligência, complementados ainda pelos pressupostos da normalidade das circunstâncias, conoscibilidade da ilicitude e capacidade natural do agente (Neste sentido, entre muitos, *vide* GIORGIO MARINUCCI e EMILIO DOLCINI, *Corso di Diritto Penale 1, Nozione, Struttura e Sistematica del Reato*, Milão, Giuffré, 1995, pp.287 ss. e ANTOLISEI, FRANCESCO, *Manuale di Diritto Penale*, Milão, Giuffré, 1987). Assim, ainda que pela via de uma outra teoria geral da infracção, o princípio *"nulla poena sine culpa"*, acaba por ter também plena validade no ordenamento penal italiano. Por fim, ainda em jeito de brevíssima consulta ao Direito Comparado, o conteúdo da categoria dogmática penalista *"schuld"*, no Direito penal germânico (atentos ao facto de que, no vocabulário germânico, *"schuld"* pode ainda significar dívida ou obrigação), mostra-se em tudo idêntico ao da culpa no Direito Penal português, apesar de se situar num estado evolutivo diverso, de acordo com a especificidade normativa e dogmática daquele. Porém, a nítida semelhança entre a noção de *schuld* e de culpa, justificam a infindável intercomunicailidade das respectivas dogmáticas, espelhada nas mais variadíssimas fontes dogmáticas nacionais (Cfr. CLAUS ROXIN, *Strafrecht, Allgemeiner Teil, Band I: Grundlagen, Der Aufbau der Verbrechenslehre*, Munique, C. H. Beck, 1992; GUNTHER JACKOBS, *Strafrecht – Allgemeiner Teil*, "Die Grundlagen und die Zurechnungslehre", 2ª ed., De Gruyter, 1991; HANS-HEINRICH-JESCHECK, *Lehrbuch des Strafrechts – Allgemeiner Teil*, 4ª ed., Berlim, Duncker, 1988; entre muitos).

[37] O que não deixa de constituir um fenómeno genericamente ilustrativo do fortíssimo significado da culpa na responsabilização criminal de condutas.

[38] Registe-se, que alguns autores chamam ainda a atenção para o facto de a culpa do agente dever ser, em rigor, muitas vezes partilhada pela própria sociedade, quanto à responsabilização pelo cometimento de um crime; como E. MAIA COSTA, então Procurador da República, ao afirmar que: *"A responsabilização da sociedade pelo facto criminoso e na luta contra o crime é ignorada pelo Cód.Penal. O criminoso desviou-se do padrão e a sociedade vai tentar 'paternalmente' regenerá-lo, como se ele fosse o único culpado. Mas é isso que está por provar"* (em *A Constituição e o Código Penal, Breves Reflexões*, R.M.P., n.º 12, 1982, p.21).

## I. 3. Especialidades Legais da Culpa no Crime Negligente

Na relação da Culpa com o crime negligente, não existem quaisquer *previsões normativas expressas* no ordenamento Jurídico Penal destinadas a operar uma distinção dogmática, face à sua relação com o crime doloso. O que nos leva a concluir que, naturalmente, a punição por crime negligente não prescinde da Culpa do agente, em todo o seu alcance e sem qualquer variação que a possa desvirtuar ou descaracterizar. Nem, de modo reflexo, será de excluir a plena aplicabilidade das chamadas causas de exclusão da culpa (ou causas de desculpa) previstas na Parte Geral do Código Penal.

## II. Evolução e Funcionalização da Culpa na Dogmática Penal

### II. 1. Conceito Material de Culpa

Culpa é, para o Direito Penal, um conceito particularmente melindroso, em grande parte porque à medida da importância que neste ramo do Direito lhe é atribuída corresponde igual medida de discordância quanto ao seu conteúdo material, o que não deixa de ser um paradoxo[39]. Ao ponto, mesmo, de ser de impossível encontrar consenso em torno sequer de parte do seu conteúdo material.

No entanto e muito embora haja autores que sugerem o abandono do conceito de culpa[40] – como MICHAEL BAURMANN que propõe em alternativa apenas a noção de permeabilidade ao apelo normativo[41], ou

---

[39] Sobre a culpa no Direito Penal, o único consenso possível parece ser precisamente sobre a existência de uma controvérsia infindável, como é patente na afirmação de J. FIGUEIREDO DIAS: *"Se nos voltarmos agora para a temática da 'culpa' como elemento constitutivo do conceito de crime, haveremos de reconhecer que é neste lugar (ou, talvez mais exactamente, a partir dele) que continuam a revelar-se as maiores incertezas e dificuldades de (re)construção do sistema jurídico-penal"*, apud *Sobre o Estado Actual da Doutrina do Crime, 2ª parte, Sobre a Construção do Tipo-de-culpa e os Restantes Pressupostos da Punibilidade*, R.P.C.C., 1.º, Janeiro-Março, ano 2 (1992), p.7.

[40] Note-se que, como sublinha CLAUS ROXIN em *Strafrecht, Allgemeiner Teil, Band I: Grundlagen, Der Aufbau der Verbrechenslehre*, Munique, C. H. Beck, 1990, § 19, muitos dos adversários do princípio da culpa dirigem as suas críticas afinal contra um Direito Penal retributivo fundado na culpa, ou contra a influência da ordem moral no juízo de culpa, o que está posto de parte na moderna dogmática penalista, pelo que não chegam verdadeiramente a atingir o conceito de culpa no seu cerne, deixando de fora, afinal, o objecto visado.

[41] Na sua obra *Zweickrationalitat im Strafrecht*, Westdeutscher Verlag, 1989, BAURMANN, pretende determinar os pressupostos das intervenções do Direito Penal atra-

WINFRIED HASSEMER e GUNTER ELLSCHEID que propõem a substituição da culpa simplesmente pelo princípio da proporcionalidade[42], entre outros[43,44] – é adquirido que o conceito de culpa é ainda imprescindível na dogmática[45] penalista pelas funções estruturais que desempenha no domínio do poder punitivo do Estado.

---

vés de um conceito complexo, de conteúdo determinável, como a permeabilidade do agente ao apelo da norma para a licitude (*normativ ansprechbarkeit*) introduzido pela primeira vez por VON LISZT, revelando grande preocupação em compatibilizar o sistema penal com a política criminal e abandonando de vez aquilo a que chama as bases metafísicas do Direito Penal, alicerçadas num conceito de culpa que tem por pressuposto puras especulações sobre o livre arbítrio. No entanto, este autor acaba por reduzir a questão da culpa a uma disputa terminológica, onde a imputação do ilícito se faz também a partir de um critério subjectivo, ao qual já não chamará culpa. Assim, a solução de BAURMANN parece ser meramente terminológica. No entanto, como adiante veremos, ROXIN integrará esta noção de permeabilidade ao apelo normativo na sua própria tese sobre o conceito material de culpa.

[42] Na sua obra conjunta, *Strafe ohne Vorwurf. Bemerkungen zum Grund Strafrechtlicher Haftung*, em "Civitas – Jahrbuch fur Sozialwissenschaften", 1970 (Reprint in Luderssen/ Sack (Hrsg), *Seminar: Abweichendes Verhalten, II, 1: Die Selektion der Normen der Gesellschaft*, Suhrkamp, 1975, pp.265-293), estes autores defendem a substituição da culpa pelo princípio da proporcionalidade, como critério de aferição de responsabilidade, cabendo à culpa um conteúdo semelhante ao que tem no Direito Civil, como constatação de um mera falta objectiva de um dever de cuidado. Todavia, sem conseguirem afastar totalmente a figura da culpa no Direito Penal, HASSEMER e ELLSCHEID acabam por trocar a sua função sistemática por uma noção totalmente vazia, puramente formal, que não consegue fornecer por si qualquer medida para a punição nem fundamentar a mesma. Na verdade, proporcionalidade, por si só, pouco significa sem relação a valorações substanciais como as atribuídas ao conceito material de culpa. Pelo que esta solução nunca poderia proporcionar satisfatoriamente o cabal desempenho das funções atribuídas à categoria da culpa.

[43] Para uma visão crítica das recentes alternativas dogmáticas à categoria da culpa, vide, entre nós, FARIA COSTA, *O Perigo em Direito Penal (Contributo para a sua Fundamentação e Compreensão Dogmáticas)*, Coimbra, 1992, pp.252 ss.

[44] CLAUS ROXIN (em *Questões Fundamentais da teoria da responsabilidade* (tradução portuguesa M. CONCEIÇÃO VALDÁGOA, R.P.C.C., n.º 4 (1991), p.530.) aponta ainda, como opositores do conceito material de culpa, SCHEFFLER, que na sua obra *Kriminologische Kritik des Schuldstrafrechts*, 1985, defende a substituição do princípio da culpa pela responsabilização objectiva pura, combinada com o princípio da proporcionalidade, visando deste modo responder às preocupações próprias da Criminologia, no sentido de uma política criminal mais eficaz e KARGL, em *Kritik des Schuldprinzips*, 1982, que pretende um Direito Penal unicamente assente nas instituições básicas do Direito Constitucional, em detrimento do mero princípio da culpa; entre outros.

[45] Nunca será demais realçar o papel imprescindível da dogmática não apenas no questionamento das soluções jurídicas e no aprofundamento do entendimento das

Como realça ROXIN, *"Sobretudo, não se conseguiu até hoje encontrar uma alternativa para o princípio da Culpa, com a qual se possam determinar os pressupostos do direito de intervenção do Estado"*[46].

Na realidade, até à presente data, para além de funções que historicamente lhe couberam na teoria dos fins das penas, a noção de culpa revestiu-se ainda da máxima importância pelas funções estruturais que desempenha, por um lado, ao nível da fundamentação da própria pena, legitimando os poderes de punição de um indivíduo por parte do Estado e, logo assim, justificando a interferência com a dignidade pessoal do cidadão, que se vê cerciado nos seus mais fundamentais direitos. Por outro lado, também ao nível da fundamentação da medida da pena, uma vez que, *sendo a punição graduável, a mesma deverá ser proporcional ao grau de censurabilidade do agente*, entendido em referência a uma hierarquia de valores materiais uniforme, que justifique uma determinada medida num quadro de igualdade jurídica.

Neste âmbito, as funções da culpa nem se esgotam sequer, sob um prisma positivo, em questões de fundamentação e de legitimação do poder punitivo e da sua medida, sendo-lhe atribuídas também, sob um prisma negativo, funções ao nível da limitação de ambos estes vectores, como assinalam as palavras de J. FIGUEIREDO DIAS apontando "(...) *o princípio da culpa enquanto limitador do poder e do intervencionismo estatais, comandado por exigências de respeito pela dignidade pessoal*"[47].

De tal modo são importantes as sua funções, que a culpa erigiu-se ao nível de princípio básico deste ramo do Direito, justificando ainda a designação bem expressiva de *Direito Penal da Culpa*, por contraposição a um Direito Penal Objectivo[48].

---

regras de Direito, como também na busca da unidade do sistema jurídico. Neste sentido, J.OLIVEIRA ASCENSÃO, *O Direito, Introdução e Teoria Geral*, Lisboa, Gulbenkian, pp.494 ss.

[46] *Apud* CLAUS ROXIN, *Questões Fundamentais da teoria da responsabilidade* (tradução portuguesa M. CONCEIÇÃO VALDÁGOA, Revista Portuguesa de Ciência Criminal, n.° 4 (1991), p.531).

[47] *Apud* J. FIGUEIREDO DIAS, *Sobre o estado actual da doutrina do crime – 2ª parte*, Revista Portuguesa de Ciência Criminal, n.° 1 (1992), p.9.

[48] Aliás, a culpa é reconhecidamente o centro da dogmática penalista, com retratam as palavras de A. TAIPA DE CARVALHO: "*Mas qual o sentido da culpa jurídico-penal? – São conhecidas as dificuldades que a doutrina tem sentido para caracterizar o conceito*

Porém, debalde a importância patente da culpa na construção do sistema penalista, ao que corresponda este conceito de culpa é já matéria da mais controvertida, havendo até quem defenda que um consenso é, não só inexistente, mas impossível.

A autonomia do conceito de culpa, como categoria da infracção criminal, verifica-se desde o sistema clássico de ERNST BELING[49], a partir do momento[50] em que se distinguiram os elementos objectivos do crime – todos localizados na categoria do ilícito – dos elementos subjectivos do mesmo – por sua vez integrados na categoria da culpa[51].

Culpa era então, de acordo com a tradição romanista do Direito Civil, a sede das considerações subjectivas que conduziriam, por juízo de imputação, à responsabilização penal do agente. No entanto, o conceito de culpa não tinha ainda contornos materiais precisos, nem se direccionava a ser pressuposto da legitimidade punitiva, que o fizessem valer como princípio sistemático.

Estes contornos materiais só virão a surgir mais tarde, com o pensamento naturalístico do século XIX – que tentava reduzir todos os termos científicos às ciências da natureza, buscando no Direito a sua recondução aos dados do empirismo –, a partir do qual se verifica a adesão generalizada ao designado *conceito psicológico de culpa*, em que culpa é a ligação subjectiva do agente ao resultado, sendo a imputabilidade um pressuposto, e o dolo e a negligência as suas *formas*[52]. Este conceito de culpa terá vigo-

---

*jurídico-penal da culpa, desde que esta passou a constituir o cerne da dogmática penal, especialmente a partir da "Escola Clássica". Centro da dogmática jurídico-criminal, onde, como dizia* MEZGER, *se bem me lembro, tudo se ganha ou tudo se perde, o conceito de culpa tem sido objecto das mais aprofundadas investigações"* (em *Condicionalidade Sócio-cultural do Direito Penal*, Coimbra, 1985, p.93.

[49] Assim, por todos, em HANS ACHENBACH, *Historische und Dogmatische Grundlagen der Strafrechtssystematischen Schuldlehre*, Berlim, Schweitzer Verlag, 1974.

[50] Anteriormente a esta mudança, o princípio da culpa não se autonomizara ainda da sua raíz retributiva, ao nível do Direito Penal (*vide* RUI PEREIRA, *Aulas Teóricas de Direito Penal I*, relatadas por AMADEU FERREIRA, Lisboa 1988/89, pp.283 ss).

[51] *"La distinción entre injusto y culpabilidad es considerada con razón como una de las perspectivas materiales más importantes que ha logrado elaborar nuestra ciencia del Derecho Penal en los últimos cien años"* – CLAUS ROXIN, *'Culpabilidad' y 'Responsabilidad' como Categorias Sistemáticas Jurídicopenales*, em "Problemas Básicos del Derecho Penal" (tradução espanhola), Madrid, Reus, 1976, pp.200.

[52] Foram defensores deste conceito, entre outros, VON LISZT e RADBRUCH.

rado na dogmática penalista até inícios do século XX, influenciando inclusivamente e em ampla medida a própria doutrina civilista.

Só mais tarde, em 1907[53], partindo da problemática levantada por FRANK em torno do estado de necessidade desculpante[54], este viria a propor o *conceito normativo de culpa*[55], mais tarde aceite e desenvolvido por diversos autores, entre os quais se destacam GOLDSCHMIDT[56] e FREUDENTHAL[57], mas que, inegavelmente, só atingiu consagração com o finalismo de WELZEL[58,59].

---

[53] De acordo com ARTHUR KAUFMANN em *Das Schuldprinzip*, 1961, que aponta *Uber den Aufbau des Schuldbegriffs*, em "Festchrift, Festgabe" da Faculdade de Direito da Universidade de Gießen, 1907, pp.3 ss. de FRANK, como o estudo pioneiro que despoletou as posteriores teses deste autor, responsáveis pela teorização do conceito normativo de culpa.

[54] FRANK defendia, com toda a razão, que não fazia sentido a exclusão do dolo na eventualidade do estado de necessidade desculpante, uma vez que neste caso o agente actua consciente do que faz. Logo, o estado de necessidade desculpante, admitido progressivamente como como causa de exclusão da culpa, não poderia explicar-se através de um conceito psicológico de culpa, que não é mais do que a soma do dolo e da negligência. *Idem*.

[55] FRANK atacou o conceito psicológico de culpa sistematicamente – quer pela via descrita na nota anterior, quer afastando qualquer nexo psicológico do agente com o resultado negligente, quer ainda identificando a possibilidade de acções dolosas em inimputáveis – até concluir por uma reformulação própria do conceito de culpa. Assim, FRANK propôs um conceito de culpa em que os seus pressupostos eram: a constituição psíquica normal do agente, a ligação psíquica do agente com o resultado, e o circunstancialismo normal da acção, todos unificados pela noção de censurabilidade.

[56] Em particular no seu estudo publicado em "Osterreichische Zeitschrift fur Strafrecht", 1913, pp.129 ss., GOLDSCHMIDT viria a desenvolver as bases lançadas por FRANK na construção do conceito normativo de culpa, afirmando que em torno de uma "norma de direito" que exija um comportamento exterior ao agente (cuja violação implicaria a ilicitude), existe implícita uma "norma de dever", que por outro lado impõe a configuração do comportamento interior necessário ao cumprimento da "norma de direito". Assim, a não conformação da atitude interior de acordo com o sistema jurídico gerava a censurabilidade, a menos que se pudesse invocar uma causa de desculpa, cuja ideia chave era precisamente a inexigibilidade.

[57] FREUDENTHAL refere-se já a uma causa geral supralegal de exclusão da culpa constituída pela inexigibilidade, no seu estudo *Schuld und Vorwurf im Geltenden Strafrecht*, 1922, querendo submeter-lhe os casos em que a resistência do indivíduo a favor do Direito não seja mais exigível e, por isso, a ilicitude não seja censurável. O autor aceita definitivamente as conclusões de FRANK e adere ao conceito normativo de culpa, onde o dolo e a negligência por si não determinam isoladamente a censurabilidade da conduta ilícita.

[58] As sucessivas edições dos seus manuais em 1947, 1949 e 1969 (*Das Deutsche Strafrecht, Eine Systematische Darstellung*), viriam a marcar o início de toda uma nova

O conceito normativo de culpa[60], com os contornos definitivamente consagrados pela escola finalista, afasta definitivamente o nexo psicológico agente/resultado da categoria da culpa, enquadrando já o dolo e a negligência na própria ilicitude, como elementos subjectivos – aferidos em sede de tipicidade, enquanto momento inicial do ilícito. *Para a culpa é reservada a função de juízo de censurabilidade do comportamento do agente em face da norma*, baseado em três elementos positivos distintos: a imputabilidade (ou permeabilidade à norma), a consciência da ilicitude (juízo interior de desconformidade à lei) e a exigibilidade de um comportamento conforme à norma (circunstancialismo potenciador de conduta alternativa). Elementos positivos estes que viriam a ser unanimemente aceites pelos defensores do conceito normativo de culpa, até aos dias de hoje, como pressupostos de censurabilidade e, portanto, da própria responsabilidade penal.

Tal conceito normativo de culpa foi conquistando progressivo consenso, sem que no entanto se tenha ainda determinado, de facto, a sua substância valorativa. Isto equivale a admitir que o conceito normativo de culpa peca sobretudo por não justificar materialmente o motivo do juízo de censura propugnado.

Assim se justifica o *prolongamento posterior da polémica dogmática já em torno do conteúdo material do conceito normativo de culpa*, em que

---

dogmática penalista, conhecida pela doutrina finalista da acção, fundada na noção jus--filosófica da acção final, onde o acto humano é indissociável da sua motivação. Esta nova maneira de abordar a conduta do agente, levou à reconstrução de toda a Teoria Geral da Infracção, atribuindo-lhe as categorias chaves ainda hoje consagradas na lei alemã, espanhola e portuguesa.

[59] Porém, o conceito normativo de culpa demoraria muito tempo ainda até destronar o conceito psicológico de culpa, uma vez que é sabido que até começo dos anos vinte, precisamente no auge da República de Weimar, era este o conceito de culpa que vigorava ainda na dogmática jurídico-penal alemã, de acordo com FRANCISCO MUÑOZ CONDE, em *Política Criminal e Dogmática jurídico-penal na República de Weimar*, in RMP, 67, 1996, pp.11 ss.

[60] ACHENBACH prefere a designação de "*conceito valorativo de culpa*", no sentido de que a norma não vale por si mas pela valoração que contém e, por isso, o conteúdo material da culpa é afinal deduzido da valoração normatizada (*vide* HANS ACHENBACH, *Historische und Dogmatische Grundlagen der Strafrechtssystematischen Schuldlehre*, Berlim, Schweitzer Verlag, 1974).

inúmeras teses foram apresentadas, tornando-se já referências elementares, as seguintes:

a) *Culpa como censura por poder ter agido de outro modo*[61] (tese defendida por WELZEL[62], KAUFMAN[63], STRATENWERTH[64], SCHREIBER[65]). Para os defensores desta tese, possivelmente a que mais tradição tem no sistema jurídico alemão e a adoptada pela jurisprudência do *Bundesgerichtshof* (BGH)[66], a censurabilidade contida no conceito normativo de culpa advém da existência de um poder de opção do agente, no caso concreto. Este poder de opção pelo lícito, em face de uma actuação ilícita, propugna o pressuposto da exigibilidade como central da categoria da culpa, aglutinando em si a imputabilidade e a consciência da ilicitude. Perante a imposta premissa do livre arbítrio indemonstrável, que

---

[61] Seguimos, nesta matéria, o método de apresentação utilizado por CLAUS ROXIN em *Questões Fundamentais da teoria da responsabilidade* (tradução portuguesa M. CONCEIÇÃO VALDÁGOA, Revista Portuguesa de Ciência Criminal, n.º 4 (1991), pp.512-530), por entendermos que é o mais adequado a uma visão rápida do objecto, se bens com as consequentes limitações de uma redução sintética, em que escapam as divergências entre os diversos autores.

[62] Sobretudo em HANS WELZEL, *Personlichkeit und Schuld*, em "Zeitschrift fur die Gesamte Strafrechtswissenschaft"(Reimpressão em *Abhandlungen zum Strafrecht und zur Rechtphilosophie*, De Gruyter, 1975, pp.29-119).

[63] Vide ARTHUR KAUFMANN, *Schuldprinzip und Verhaltnismassigkeitsgrundsatz*, em Warda et.al (Hrsg), "Festschrift fur Richard Lange zum 70. Geburstag", De Gruyter, 1976, pp.279 ss.

[64] Em GUNTER STRATENWERTH, *Die Zukunft des Strafrechtlichen Schuldprinzip*, C. F. Muller, 1977.

[65] HANS-LUDWIG SCHREIBER, *Richterakademie Trier*, Festschrift Festagabe, 1983, pp.76 ss.

[66] De acordo com CLAUS ROXIN, em *Questões Fundamentais da teoria da responsabilidade* (tradução portuguesa M. CONCEIÇÃO VALDÁGOA, Revista Portuguesa de Ciência Criminal, n.º 4 (1991), pp.513), citando um excerto da respectiva colectânea de jurisprudência: "*Culpa é censurabilidade. Com o juízo de desvalor da culpa é censurado ao agente que ele não se tenha comportado licitamente, que se tenha decidido pelo ilícito, apesar de ter podido comportar-se de maneira lícita, de ter podido decidir-se pelo que é conforme ao direito. A profunda razão de ser da censura da culpa está em que o homem é, por natureza, dotado de capacidade de auto-determinação ética, livre e responsável, e, portanto, é capaz de se decidir pelo direito contra o ilícito (...)*" (*Entscheidungen des Bundesgerichtshofes in Strafsachen*, 2, pp.200).

aliás impossibilita a prova de que, no momento concreto do facto, existiu um poder de decisão efectivo por parte do agente, os defensores desta teoria sugerem a aferição do poder de decisão à capacidade do homem médio[67]. No entanto, por esta via sujeitam-se também à crítica de que o juízo de censura ética afinal não será feito subjectivamente sobre as características e a posição concreta do agente[68];

b) *Culpa como censura da atitude interior* (tese sustentada por JESCHECK[69], WESSELS[70]). Para os defensores desta tese[71], a censurabilidade é oriunda de critérios de valoração ético-sociais e determina a consideração de desvalor sobre a própria atitude pessoal, no interior do agente, meramente revelada pela prática do facto criminoso. Nesta doutrina, o comportamento psicológico do agente e as suas decisões mentais, são o verdadeiro objecto de censura, deslocando-se assim a questão do livre arbítrio para um campo ainda menos objectivo, sem no entanto perder a função de pressuposto. Logo, tem também aqui pleno cabimento as críticas enunciadas para a tese anterior, acrescendo ainda que esta solução parece ser apenas aparente, uma vez que não fica explicado ainda o porquê da censura. Ou seja, não se explicitam as razões

---

[67] A ideia original parece ter sido de DOHNA, em "Zeitschrift fur die Gesamte Strafrechtswissenschaft", 66, 1954, pp.551 ss, de acordo com ROXIN em *Questões Fundamentais da teoria da responsabilidade* (tradução portuguesa M. CONCEIÇÃO VALDÁGOA, Revista Portuguesa de Ciência Criminal, n.º 4 (1991), pp.515).

[68] Patente, por exemplo nas críticas de PAUL BOCKELMANN em *Willensfreiheit und Zurechnungsfahigkeit*, "Zeitschrift fur die Gesamte Strafrechtswissenschaft", 1963, pp.372-392 e *Zur Kritik der Strafrechtskritik*, Warda et al.(Hrsg), "Festschrift fur Richard Lange zum 70. Geburstag", De Gruyter, pp.1-7.

[69] HANS-HEIRICH JESCHECK, em *Die Kriminalpolitische Konzeption des Alternativ--Entwurfs eines Strafgesetzbuchs* (Allgemeiner Teil), "Zeitschrift fur die Gesamte Strafrechtswissenschaft", 1968, pp.54-87, prefere designar de atitude interior juridicamente defeituosa.

[70] Defendida em JOHANNES WESSELS, em *Strafrecht*, Allgemeiner Teil, "Die Straftat und ihr Aufbau", 1990.

[71] A concepção original deveu-se a WILHELM GALLAS em *Zum Gegenwartigen Stand der Lehre vom Verbrechen*, "Zeitschrift fur die Gesamte Strafrechtswissenschaft", 1955, pp.1-47 e posteriormente também em *Der Dogmatische Teil des Alternativ--Entwurfs*, "Zeitschrift fur die Gesamte Strafrechtswissenschaft", 1968, pp.1-33.

materiais da censura, remetendo-se veladamente para o legislador a tarefa de materializar, a seu critério, o conteúdo da culpa. Para além destes aspectos, esta doutrina manifesta também algumas dificuldades em abarcar no juízo de censurabilidade as acções praticadas por negligência inconsciente, uma vez que nestas a atitude interior do agente pode ser perfeitamente conforme com o Direito;

c) *Culpa como responsabilidade pela estrutura censurável do seu carácter* (tese proposta por ENGISH[72], HEINITZ[73]). Para os defensores desta tese, assente nos ideais deterministas nomeadamente de SCHOPENAUER[74], o agente responde objectivamente por ser como é, por actuar de acordo com a sua maneira de ser. Assim, com visíveis reminiscências de uma visão Lombrosiana do delinquente[75] – se bem que limitada a aspectos de carácter e de

---

[72] KARL ENGISCH, em *Caraktermangel und Carakterschuld*, 1980, pp.87 ss., depois de (em *Die Lehre von der Willensfreiheit in der Strafrechts-philosophischen Doktrin der Gegenwart*, De Gruyter, 1963) ter posto já em causa o pressuposto clássico do livre arbítrio.

[73] HEINITZ a pp.74 ss. de *Zeitschrift fur die Gesamte Strafrechtswissenschaft* 63, 1951.

[74] SCHOPENAUER defendia que a determinante principal de qualquer acção humana era a estrutura da própria pessoa, de onde, inevitavelmente, os acontecimentos derivavam. Este fenómeno era explicável porquanto é o próprio homem que se auto-determina, em função da sua essência que, conhecida pelo mesmo ou não, viria sempre a produzir as suas consequências ante a aparência da decisão livre. Desenvolvidamente, em *Uber die Freiheit des Willens*, 1839.

[75] CESARE LOMBROSO, principal expoente da escola positivista italiana de criminologia, na sua obra *L'Uomo Delinquente* (1876), inquirindo sobre a natureza e as causas do crime (o clássico problema etiológico-explicativo da Criminologia) e inspirado nas recentes criações de DARWIN (*The Origin of Species*, 1859 e *Descent of Man*, 1871), defendeu a prodigiosa tese do *atavismo*, segundo a qual o crime era o produto natural das características inatas do delinquente, reconhecíveis fisicamente pelas suas medidas e feições atávicas. Através da aplicação do método experimental das designadas ciências exactas, pela observação directa de um vasto universo de reclusos, LOMBROSO logrou estabelecer os traços fisionómicos do bio-tipo criminoso, determinado e específico dentro da espécie humana, com características inatas imperfeitas, de certa forma inferiores às características médias do homem. Para desenvolvimentos, *vide*, entre muitos, A. LINDESMITH e Y. LEVIN, *The Lombrosian Myth in Criminology*, "American Journal of Sociology", 1937, pp.653 ss., M. MALDONADO, *Alguns Aspectos da História da Criminologia em Portugal*, Separata do n.º 22 do "Boletim da Administração Penitenciária e dos Institutos de Criminologia", pp.75 ss.

personalidade – esta doutrina desloca definitivamente o objecto da censura, da actuação criminosa do agente para o próprio carácter deste, denunciado pelo delito, só possível enquanto consequência daquele. Esta posição doutrinária propugna, no fundo, o esvaziamento total do conceito de culpa, deslocando a questão para o problema da prevenção especial e respectivas considerações sobre o carácter desviado do agente criminal. Mas, consequência mais grave, parece defender a punição do agente por aquilo pelo que é afinal inocente, isto é, pelo seu carácter. Ainda cede flanco, também, à consideração de sujeitar ao subjectivismo puro do julgador e do legislador a determinação da concreta medida da culpa;

d) *Culpa como atributo normativo em função das necessidades sociais de prevenção geral* (tese representada sobretudo por JAKOBS[76]). Para os defensores desta tese, expressão pura de um conceito funcionalista de Culpa, a atribuição de culpa ao agente não parte de um juízo verdadeiramente autónomo sobre a sua pessoa e sobre os seus actos, mas sim da necessidade social de se sentir em segurança, o que se expressa pelas preocupações de prevenção geral do crime. Assim, a culpa é determinada em função do fim, renunciando às suas funções de limite punitivo e deixando totalmente de parte as circunstâncias pessoais do agente. A punibilidade do agente dependerá então, não de circunstâncias suas,

---

[76] A evolução do pensamento de GUNTHER JACKOBS é patente, entre outros registos, em *Studien zum Fahrlassigen Erfolgsdelikt*, De Gruyter, 1972; *Vermeidbares Verhalten und Strafrechtssystem*, Stratenwerth et al. (Hrsg), "Festschrift fur Welzel zum 70. Geburstag", De Gruyter, 1974, pp.307-325; *Schuld und Praevention*, Tubingen, Mohr (Paul Siebeck), 1976; *Die Subjective Tatseite von Erfogsdelikten bei Risikogewohnung*, Frish et al. (Hrsg), "Festschrift fur Hans-Jurgen Bruns zum 70. Geburstag", Carl Heymanns Verlag, 1978, pp.31-42; *Strafrechtliche Schuld ohne Willensfreiheit?*, Heinrich Dieter, "Aspeckte der Freiheit", Mittelbayerische Druckerei, 1982, pp.69-83; *Strafrecht – Allgemeiner Teil*, "Die Grudlagen und die Zurechnungslehre, De Gruyter, 1983; *Uber die Aufgabe der Subjectiven Deliktsseite im Strafrecht*, Witter (Hrsg), "Der Psychiatrische Sachverstandige im Strafrecht", Springer Verlag, 1987 (traduzido para o idioma espanhol em ADPCP, 1989, pp.633-652); *Uber die Behandlung von Wollensfehlern und von Wissensfehlern*, "Zeitschrift fur die Gesamte Strafrechtswissenschaft", 1989, pp.516-537; *Strafrecht – Allgemeiner Teil*, "Die Grundlagen und die Zurechnungslehre", Zweite Auflage, De Gruyter, 1991; e *El Principio de Culpabilidad*, em ADCPC, 1992, pp.1051-1083.

mas daquilo que se julgar serem as necessidades sociais de estimulação geral ao acatamento do Direito Penal;
e) *Culpa como censura pela actuação contrária ao Direito, apesar da permeabilidade do agente ao apelo normativo* (posição assumida por ROXIN[77]). Esta tese sugere a definição da culpa como o juízo de censura do agente pelo seu comportamento ilícito, desde que tivesse havido a possibilidade de apreender a norma violada no momento da sua actuação. A constituição mental do agente e as circunstâncias da sua actuação passam a ser os dados relevantes para, num juízo global, julgar da permeabilidade à norma, e logo da censurabilidade do acto ilícito. Na verdade, a noção de permeabilidade à norma – ou ao apelo normativo para o comportamento lícito – pretende substituir o clássico pressuposto do livre-arbítrio do agente, por uma realidade menos abrangente e, ao mesmo tempo, mais susceptível de prova. Se o agente foi efectivamente livre no momento do facto, deixa de ser importante, passando aquele a ser tratado como se fosse livre, mediante a existência dos seus pressupostos mínimos. Porém, esta tese vem inevitavelmente amputar grande parte da essência ético do conteúdo da culpa, noutras concepções, uma vez que reduz o livre-arbítrio a uma quase-presunção de livre arbítrio, desde que se verifiquem os pressupostos formais da culpa. Daí que ROXIN passe a considerar a culpa como um "*dado misto, empírico-normativo*[78]", baseado "*numa justificação social da pena*[79]". O que, pode concluir-se, reduz a culpa aos seus pressupostos positivos e função social.

Toda a complexidade da controvérsia dogmática, acima ilustrada, em torno da definição de um conceito material de culpa contribui, afinal, para que o legislador se veja na contingência de consagrar na lei apenas

---

[77] Esta posição de ROXIN está expressa em em *Questões Fundamentais da teoria da responsabilidade* (tradução portuguesa M. CONCEIÇÃO VALDÁGOA, Revista Portuguesa de Ciência Criminal, n.º 4 (1991), pp.524-530).

[78] Em *Questões Fundamentais da teoria da responsabilidade* (tradução portuguesa M. CONCEIÇÃO VALDÁGOA, Revista Portuguesa de Ciência Criminal, n.º 4 (1991), p.528), sublinhando a posição concordante de WINFRIED HASSEMER, *Einfuhrung in die Grundlagen des Strafrechts*, 1990, pp.238 ss.

[79] *Idem*, p.529, quanto à referência.

os contornos formais da mesma, em torno dos quais parece estar assente um mínimo consenso.

## II. 2. Funcionalização da Culpa

Em acréscimo a toda a evolução acima registada, ainda recentemente o conceito de culpa volta a ser objecto de renovada controvérsia[80], sobretudo na doutrina alemã[81], assistindo-se a uma discussão em torno da crescente normativização e funcionalização da culpa, em grande medida por responsabilidade de CLAUS ROXIN[82], revalorizando-se aquele como problema central do Direito Penal[83].

---

[80] "(...) em matéria de culpa, depois de um período de relativa acalmia, tudo ou quase tudo foi, nas duas últimas décadas, de novo posto em questão", J. FIGUEIREDO DIAS, em *Sobre o Estado Actual da Doutrina do Crime, 2ª parte, Sobre a construção do tipo-de--culpa e os restantes pressupostos da punibilidade*, in "Revista Portuguesa de Ciência Criminal", 1.º, Janeiro-Março, ano 2 (1992), p.7.

[81] De resto, é notório o predomínio da doutrina alemã nesta matéria, embora também a doutrina espanhola e italiana coloquem agora também a culpa penal e a sua funcionalização na ordem do dia. Quanto à doutrina francesa e anglo-saxónica, que mantêm grande distância nesta matéria em função das diferenças de família jurídico-penal, seriam de pouca utilidade as transposições, para este estudo, das polémicas dogmáticas em torno das noções aproximadas de *faute* e *mens rea*, respectivamente. Ainda assim, para situar estas duas figuras, *vide*, entre muitos, os manuais de MICHÉLE-LAURE RASSAT, *Droit Penal*, Paris, PUF, 1987, pp.359 ss. e C. CLARKSON e H. KEATING, *Criminal Law: Text and Materials*, Londres, Sweet & Maxwell; 1984, pp.150 ss.

[82] Na verdade, parece ter sido a obra deste autor, *Kriminalpolitik und Strafrechtssystem*, 1970, (traduzida para o idioma espanhol em "Politica Criminal Y Sistema del Derecho Penal", Bosh, 1972), a que definitivamente instalou a polémica, na sequência da primeira edição do Projecto Alternativo do Código Penal Alemão de 1966, . Tanto assim que, naquela obra, CLAUS ROXIN aponta novos caminhos dogmáticos em função de ponderações de política criminal que, em seu entender, deveriam reflectir-se também no conceito de culpa. No entanto, reconhece-se que terão havido percursores desta discussão como FRIEDRICH NOWAKOWSKI, em *Freiheit, Schuld, Vergeltung*, 1957, PETER NOLL, em *Schuld und Pravention unter dem Gesichtpunkt der Rationalisierung des Strafrechts*, 1966, ou ainda GIMBERNAT ORDEIG, já em 1970 em *Hat die Strafrechtsdogmatik eine Zukunft?*. Para uma visão introdutória sobre o assunto, P. PINTO DE ALBUQUERQUE, *Introdução à Actual Discussão Sobre o Problema da Culpa em Direito Penal*, Coimbra, Almedina, 1994.

[83] Certos autores, como BERND SCHUNEMANN em Einfuhrung in das Strafrechtiche Systemdenken, De Gruyter, 1984, pp.1-68, consideram inclusivamente que a obra de

ROXIN defende, sem prejuízo de uma constante evolução do seu pensamento[84], em traços sumários, que o conceito de culpa deve ser objecto

---

CLAUS ROXIN terá fundado uma nova escola na doutrina penal alemã, designada por Racionalismo Finalista. Para desenvolvimentos sobre esta nova orientação, vide, em Portugal, M.COSTA ANDRADE, *A Dignidade Penal e a Carência de Tutela Penal como Referências de uma Doutrina Teleológico-Racional do Crime*, em Revista Portuguesa de Ciência Criminal, n.º 2, 1992, pp.178 a 181.

[84] Desde a sua obra de 1970, em que pretendia estabelecer uma incidência da teoria dos fins das penas e suas interligações com a política criminal, sobre a apreciação da culpa do agente, no sentido de demonstrar que não é exclusivamente esta que fundamenta a medida da pena, mas também as necessidades de prevenção; ROXIN regista uma complexa evolução no seu pensamento até à presente data. Assim, em 1972, na sua obra *Uber den Rucktritt vom unbeendeten Versuch*, em Luttger et al.(Hrsg), "Festschrift fur Ernst Heinitz zum 70", De Gruyter, pp.251-276, na mesma esteira de pensamento, ROXIN defende que nos casos de desistência da tentativa, havendo uma automática compensação da culpa do agente pela decisão de desistir, só os fins das penas poderão justificar a aplicação de qualquer sanção. Já em 1973, na sua obra *Kriminalpolitische Uberlegungen zum Schuldprinzip*, em "Monatsschrift fur Kriminologie und Strafrechtsreform" (traduzido para o idioma espanhol em *Culpabilidad y Prevención en Derecho Penal*, Reus, 1981, pp.41-56), o autor recupera as suas teses de 1966 e 1969, tentando melhor sistematizar a sua afirmação de que o princípio da culpa tem a dupla função de fundamentar e limitar a pena, funcionando retrospectivamente, enquanto a proporcionalidade das medidas de segurnça se determina prospectivamente. Mais tarde, em 1974, na sua obra *Schuld und Verantwortlichkeit als strafrechtiche Systemkategorien*, em Roxin et al.(Hrsg), "Grundfragen der esamten Strafrechtwissenchaft, Festschrift fur Heinrich Henkel zum 70, Geburstag", De Gruyter, pp.171-197, ROXIN chega ao ponto de afirmar que a culpa só tem relevo prático na teoria da pena, enquanto limite às necessidades de prevenção (pp.188), para em 1977/ 78 – nas suas obras *Strafzumessung im Lichte der Stafzwecke*, em Walder et al.(Hrsg), "Lebendiges Strafrecht, Festgabe zum 65, Gerburstag von Hans Scultz", Stampfli, pp.463-481 e *Prevention und Strafzumessung*, em Frisch et al.(Hrsg), "Festschrift fur Bruns zum 70, Gerburstag, Karl Heymanns Verlag", pp.183-204 – assumir mesmo a possibilidade de as necessidades de prevenção justificarem uma determinação da pena abaixo da medida da culpa. Posteriormente, em 1979, nas sua obras *Conception Bilateral y Unilateral del Principio de Culpabilidad*, em "Culpabilidad y Prevención en Derecho Penal", Reus, pp.279-309 e *Zur Jungsten Diskussion uber Schuld, Praevention und Veranwortlichkeit im Strafrecht*, em Artur Kaufmann et al. (Hrsg), "Festschift fur Paul Bockelmann zum 70, Geburstag", Beck, pp.279-309 parece patente a adesão definitiva à formulação do conceito social de culpa, acrescentando que, em zonas limite da imputabilidade, não deverá haver distinção entre culpa e prevenção. Mais além, ainda, o autor adere mesmo à concepção unilateral de culpa (defendida por A.Kaufmann), retirando como consequência que nem toda a culpa é relevante e tem que ser punida, acrescentando ainda que só com a sua concepção de culpa, baseada na conjugação com os critérios da prevenção,

de uma profunda reestruturação pela abertura do seu conteúdo a valorações decorrentes da sua função[85]. Assim, se a função da culpa no Direito Penal é a de proporcionar fundamento e medida à responsabilidade penal do agente, a mesma deverá ser entendida de acordo com as seguintes conclusões:

1) A liberdade relevante para o juízo de culpa, não é a liberdade ontológica (por si insusceptível de reconhecimento, e inexistente em grau absoluto), mas tão-somente a liberdade socialmente suposta, com carácter normativo[86];
2) Não é apenas a culpa que limita a medida da pena, mas também a necessidade de prevenção, ambas funcionando como protecção do cidadão perante a intervenção penal do Estado[87];

---

se conseguiria a reconciliação da política criminal com o direito penal. Em 1984, na sua obra *Zur Problematik des Schuldstrafrechts*, em ZStW, pp.641-660, ROXIN repete e reorganiza as suas teses, para, já em 1987, na sua obra *Was Bleibt von der Schuld im Strafrecht Ubrig?*, em Schweizerische Zeitschrift fur Strafrecht, pp.356-376, passar à crítica cerrada dos seus seguidores funcionalistas radicais. Nesta obra, explicita ainda as conquistas das suas teses, declarando definitivamente ultrapassados o pressuposto da liberdade ôntica, a ideia de retribuição e a censura ética, enquanto elementos do conceito de culpa. Finalmente em 1992, com a publicação do seu manual *Strafrecht, Allgemeiner Teil*, "Band I: Grundlagen, Der Aufbau der Verbrechenslehre", Beck, chegamos à noção aproximada do estado actual das posições de ROXIN.

[85] WINFRIED HASSEMER, em visão global da dogmática penalista alemã da actualidade, enquadra a teoria da culpa funcional numa concepção ampla de Direito Penal Funcional, enquanto expressão da evolução generalizada de parte da doutrina penalista no sentido de orientar a lei penal, bem como os seus conceitos, para as finalidades de uma "eficácia empresarial" e para as suas consequências práticas na criminalidade, em aproximação às preocupações próprias da política criminal e mesmo da criminologia. Assim, a temática dos fins das penas e a temática da culpa, são hoje os campos privilegiados para o florescimento do Direito Penal Funcional, que propugna, respectivamente, o conceito de prevenção integrativa e o conceito funcional de culpa. Para desenvolvimento, *vide* W. HASSEMER em *Strafrechtswissenschaft in der Bundesrepublik Deutschland*, "Rechtswissenschaft in der Bonner Republik", Dieter Simon (ed.), Frankfurt am Main, Suhrkmp, 1994, pp.259-310 (traduzido para português por PAULO DE SOUSA MENDES e TERESA SERRA em *História das Ideias Penais na Alemanha do Pós-guerra*, AAFDL, 1995).

[86] A liberdade enquanto *normative setzung*, de acordo com o seu manual de 1992 (cit.), 19/35.

[87] *Vide* também o seu manual de 1992 (cit.), 19/6.

3) A culpa deve distinguir-se, consoante se trate de analisá-la sob o prisma de fundamento da pena, ou sob o prisma de medida da pena, uma vez que, sob o primeiro prisma, deverão ser as necessidades de prevenção a limitar a culpa e, sob o segundo, caberá à culpa limitar as necessidades de prevenção[88]. Assim, enquanto fundamento da pena, culpa é a permeabilidade ao apelo normativo, pelo que não contém em si qualquer censura ética e deverá ser definitivamente desligada da ideia de retribuição[89]. Por outro lado, enquanto limite da pena, a culpa determina o limite máximo da sua medida, mas a falta da necessidade de prevenção especial pode obrigar a uma punição abaixo da medida da culpa[90].

No entanto, os caminhos abertos por ROXIN viriam a ser explorados por um sem número de outros autores, quer no sentido do aprofundamento das questões por ele suscitadas, quer no sentido da radicalização das suas posições.

Como seguidores das posições de ROXIN e do seu conceito funcional de culpa[91], por exemplo, BERND SCHUNEMANN[92], KNUT AMELUNG[93] e MIR PUIG[94], aderem à tese social da culpa e vêm acrescentar importantes

---

[88] *Vide* ainda o seu manual de 1992 (cit.), 19/46.
[89] Ainda o manual de 1992 (cit.) 19/39.
[90] Ainda o manual de 1992 (cit) 3/53.
[91] *"(A culpa) é funcional, na medida em que se orienta para os fins da pena e, portanto, na medida em que se extrai a semântica da 'culpa' a partir dos fins da pena. (…) Assim, o significado actual de 'culpa' (e também de 'desculpa'), segundo a concepção ora exposta, depende substancialmente dos modelos e possibilidades de prevenção individual e geral."*, WINFRIED HASSEMER em *Strafrechtswissenschaft in der Bundesrepublik Deutschland*, "Rechtswissenschaft in der Bonner Republik", Dieter Simon (ed.), Frankfurt am Main, Suhrkmp, 1994, pp.259-310 (traduzido para português por PAULO DE SOUSA MENDES e TERESA SERRA em *História das Ideias Penais na Alemanha do Pós-guerra*, AAFDL, 1995, pp.74-75).
[92] Sobretudo nas suas obras mais recentes *L'Evoluzione della Teoria della Colpevolezza nella Republica Federale Tedesca*, em RIDPP, 1990, pp.3-35 e *La Política Criminal y el Sistema de Derecho Penal*, em ADPCP, 1991 pp.693-713.
[93] *Zur Kritik des Kriminalpolitischen Strafrechtssystem von Roxin*, em Schunemann (Hrsg), "Grundfragen des Modernen Strafrechtssystems", De Gruyter, 1984, pp.85-102.
[94] *Función della pena y Teoria del Delito en el Estado Social y Democrático de Derecho*, Bosch, 2ª edição, 1982, pp.95 ss.

contributos para as teses funcionalistas, comungando de uma ideia não já de *Direito Penal da Culpa*, mas de *Direito Penal da Prevenção*, onde a exclusiva função da prevenção geral é a de limitar a culpa e na aplicação de medidas de segurança apenas presidem preocupações de prevenção especial.

MIR PUIG propõe inclusivamente a substituição da ideia de culpa fundada na liberdade, pela ideia de culpa enquanto mero limite à necessidade da pena. Isto é, *o agente capaz de cumprir o normativo vigente que não o faça, deve ser penalmente responsabilizado na medida da necessidade, limitada pela culpa que lhe é socialmente atribuída*[95]. Este autor considera ainda a culpa como mera condição de atribuição do ilícito, uma vez que, no juízo de culpa apenas se indagam as motivações do agente a fim de confirmar o sentido ilícito da sua actuação. Assim também ZULGALDIA ESPINAR[96] concorda com as teses de MIR PUIG, e acrescenta que *a necessidade de prevenção é que é o verdadeiro fundamento da pena, sendo a culpa um mero pressuposto formal*.

Outros autores levam bem mais além as teses funcionalistas de ROXIN, radicalizando a discussão, onde se destacam GIMBERNAT ORDEIG[97] e GUNTER JACKOBS[98,99]. Se ORDEIG parece ser o percursor da

---

[95] A esta ideia regressa ainda em *Función Fundamentadora y Función Limitadora de la Prevención General Positiva*, ADPCP, pp.49-58.

[96] *Acerca de la Evolucion del Concepto de Culpabilidad*, em "Libro Homenaje al Professor Anton Oneca", Ediciones de la Universidad de Salamanca, 1982, pp.565-583.

[97] Em *Zur Strafrechtssystematik auf der Grundlage der Nichtbeweisbarkeit der Willensfreiheit*, em Roxin et al. (Hrsg), "Grudfragen der Gesamten Strafrechtswissenchaft, Festschrift fur Heinrich Henkel zum 70, Geburstag", De Gruyter, 1974, pp.151-169.

[98] Patente em várias das suas obras, como, *Schuld und Praevention*, Tubingen, Mohr (Paul Siebeck) 1976 e *Strafrechtliche Schuld ohne Willensfreiheit?*, em Heinrich Dieter, "Aspekte der Freiheit", Mittelbayerische Druckerei, 1982 pp.69-83, mas sobretudo em *El Principio de la Culpabilidad*, em ADPCP, 1992, pp.1051-1083.

[99] Além destes, outros autores enveredaram também pela radicalização das posições defendidas por ROXIN, como FRANZ STRENG (nas suas obras *Schuld, Vergeltung, Generalpraevention, Eine Tiefenpsychologische Rekonstruktion Strafrechtlicher Zentralbegriffe*, em ZStW, 1980, pp.637-681 e *Schuld Ohne Freiheit? Der Funktionale Schuldbegriff auf dem Prufstand*, em ZStW, 1989, pp.273-334), que afirma que a culpa não pode ser entendida senão na dependência dos princípios de prevenção. Depois de pôr de parte as suas preocupações iniciais sobre a psicologia da culpa, e suas fontes afectivas inconscientes da auto-punição, STRENG constrói um conceito próprio de culpa funcional, que prescinde das tradicionais condições positivas de culpa, entendidos como meros indícios

proposta funcionalista radical – defendendo, já em 1974, um sistema de Direito Penal sem culpa, onde só as necessidades preventivas deveriam valer para a determinação das condições positivas da culpa (a imputabilidade e a consciência da ilicitude) e onde a punição penal deveria ser tomada racionalmente, sem sujeição a juízos de culpa, muito embora pressupondo ideia imprescindível de liberdade de actuação do homem[100] – JACKOBS é sem dúvida reconhecido como o protagonista da tese mais radical[101].

---

da necessidade da pena. Também MUÑOZ CONDE (sobretudo em *Culpabilidad y Prevención en Derecho Penal*, CPC, 1980, pp.41-58), por outra via, adere à funcionalização da culpa, argumentando que não é a culpa que verdadeiramente estabelece os limites de intervenção do poder punitivo do Estado, mas tão-sómente a moldura penal fixada para a incriminação. Seguindo este raciocício (evidentemente redutor) afirma que as questões de prevenção geral que presidiram à fixação da moldura penal é que definem, normativamente o conteúdo que deverá ter a noção material de culpa, enquadrada no seu conceito normativo. Conclui ainda este autor que o momento normativo da fundamentação da culpa reside no momento da própria fixação da pena ao agente, momento este em que têm lugar as considerações de prevenção especial que, conjuntamente com a prevenção geral, determinando a pena que desempenha uma função social legítima. Ainda ULFRID NEUMANN (em *Neue Entwicklungen im Bereich der Argumentationsmuster zur Begrundung oder zum Ausschluss Strafrechtlicher Verantwortlichkeit*, "Zeitschrift fur die Gesamte Strafrechtswissenschaft", 1987, pp.567-594), apelando a um conceito normativo-funcional de culpa, entendida como fundamentada nos valores normativos sociais, defende que são as representações sociais da pena justa que determinam a sua medida, sempre em função da sua adequação aos fins das penas, sobretudo determinadas por necessidades de prevenção geral – que HERBERT JAGER atribui à "psicopatologia colectiva" (*Strafrecht und Psychoanalytische Theorie*, em Roxin et al. (Hrsg.) "Grundfragen der Gesamten Strafrechtswissenschaft, Festschrift fur Heinrich Henkel zum 70. Gerburstag", De Gruyter, pp.132).

[100] Note-se que ORDEIG é, por excelência, um crítico da própria dogmática germânica, que considera padecer de excessivo abstraccionismo e alguma futilidade. Chega mesmo a afirmar, a este propósito, que *"En lugar de volverse hacia el homre criminal, en Alemania (...) la disciplina del Derecho Penal se cultivó 'l'art pour l'art', por así decir, siendo elaborada con toda clase de subtilezas jurídicas"*, em *Hat die Strafrechtsdogmatik eine Zukunft?*, publicado em "Zeitschrift fur die Gesamte Strafrechtswissenschaft" 28, 1970, fascículo 2, pp.379 (tradução espanhola em *Problemas Actuales de Derecho Penal y Procesual*, Salamanca, 1971, pp.87).

[101] *Vide*, para uma visão sumária das posições deste autor, PAULO PINTO DE ALBUQUERQUE, *A Funcionalização Plena do Conceito de Culpa em Jackobs*, em "Introdução ao Problema da Culpa em Direito Penal", Coimbra, Almedina, 1994, pp.40-50.

O sistema penal de JACKOBS parte da distinção Welziana entre *Handlungssteurung* (orientação de condução/acção[102]) e *Antriebssteurung*, (motivo de condução/acção[103]) como momentos distintos de valoração das motivações do agente, na ilicitude e na culpa. Assim, para o ilícito, seria relevante a evitabilidade da acção sem considerações do nexo subjectivo entre agente e norma, enquanto para a culpa, seriam já relevantes as motivações do agente em face da norma. Daqui JACKOBS evolui para a consideração de que a culpa estaria limitada pela capacidade individual de evitar a acção e, assim, acaba por propor a formalização total do conceito de culpa.

Mais tarde JACKOBS sustenta que a perspectiva real do Direito Penal é a de um Direito Penal da Prevenção, onde a punição dos infractores da lei penal não é mais que uma necessidade social. Neste quadro, a culpa acaba por ser um mero derivado da prevenção geral, destinado apenas a fornecer a medida da pena necessária para confirmar a validade da norma infringida[104]. Mais radicalmente, este autor chega mesmo a afirmar que a questão da liberdade, no seio da culpa, não é mais que uma tentativa de desviar o problema da legitimação da pena, para um campo ontologizante[105].

Assim, a par da proposta de revisão de outras categorias fundamentais do Direito Penal, defende que só o fim dá ao conceito de culpa qualquer conteúdo, sendo por isso um conceito funcional e agnóstico. Logo, JACKOBS compatibiliza-se totalmente com a técnica legal da consagração

---

[102] Tradução do autor.
[103] *Idem*.
[104] P. PINTO DE ALBUQUERQUE, *A Funcionalização Plena do Conceito de Culpa em Jackobs*, em "Introdução ao Problema da Culpa em Direito Penal", Coimbra, Almedina, 1994, pág.41, chama a atenção para o facto de ser fundamental, para o entendimento das teses de JACKOBS, a teoria sociológica de NIKLAS LUHMANN, que tem como fundamentos a contingência e a complexidade da vida moderna, aberta ao futuro que impõe novos valores e necessidades em ritmo de crescente aceleração, o que origina uma necessidade geral de normação e instituição jurídica das expectativas, proclamando ao mesmo tempo a indiferença pela motivação dos indivíduos. A análise ética perde a sua importância para a generalidade das pessoas e para a norma, passando a análise sociológica a ser a única capaz de decifrar a orientação teleológica da norma. Para desenvolvimentos, NIKLAS LUHMANN, *Rechtssystem und Rechtsdogmatike*, Stuttgard, Verlag Kohlhammer, 1974 e *Rechtssoziologie*, Zweite Auflage, Opladen, Westdeutscher Verlag, 1983.
[105] Em *Strafrechtliche Schuld ohne Willensfreiheit?*, em Heinrich Dieter, "Aspekte der Freiheit", Mittelbayerische Druckerei, 1982, p.71.

de causas de exclusão da culpa, uma vez que deverá ser o agente quem tem o ónus de demonstrar a desnecessidade social de atribuição de penal (não atribuição de culpa), em face de um comportamento transviado[106].

## II. 3. Estado Actual do Conceito de Culpa

É patente a dificuldade em definir a culpa. Sobretudo porque a própria lei assim o proporciona, ao permitir acolher no seu seio, talvez deliberadamente, diferentes concepções de culpa. No entanto, por mais que se coloque em causa a própria necessidade da categoria da culpa no Direito Penal e por mais que se distingam teses sobre o seu conteúdo, certo é que ninguém pode ignorar a importância actual da mesma na estrutura dogmática do crime.

Na verdade, toda a crítica que se faça sobre as teses já enunciadas acerca do conteúdo da culpa, não poderá aspirar a mais do que constituir apenas uma nova perspectiva de ver o problema, a somar-se a todas as outras. Isto porque a discussão já demonstrou que quando se discute o significado da culpa, discutem-se afinal diferentes concepções do próprio Direito Penal, da sua missão social e dos seus princípios estruturantes.

Assim, o consenso sobre o que seja o conceito material de culpa será mesmo impossível de atingir, por também ser sempre diferente, entre os diversos autores, a sua concepção do que deva ser a responsabilidade penal[107].

Da controvérsia dogmática em presença, resulta evidente a aproximação crescente às disciplinas vizinhas do Direito Penal, no intuito de, por esforço de coordenação interdisciplinar, delinear mais objectivamente o conceito de culpa. As vantagens da interdisciplinariedade são reconhecidas em qualquer campo científico e o mundo jurídico não é excepção. Assim, importam-se para a discussão da categoria da culpa as crescentes

---

[106] *Uber die Aufgabe de Subjectiven Deliktsseite im Strafrecht*, em Witer (Hrsg), "Der psychiatrische Sachverstandige im Strafrecht", Springer Verlag 1987 pp.643-644 (traduzido em ADPCP, 1989, pp.633-652).

[107] Como dissemos *supra*, o conceito de culpa contém em si a chave da censura ética representada pelo próprio Direito Penal, pelo que naquele se reflectem, afinal, as preocupações próprias de todo este.

necessidades político-criminais[108], a visão sociológica da pena, a análise da constituição psicológica do agente, a resignação da criminologia em aceitar o crime como realidade de convivência, com origem no próprio fenómeno social[109], entre outros elementos de discussão.

Particularmente, a adaptação do Direito Penal Clássico às crescentes necessidades de política criminal faz-se tão rapidamente que traz, obrigatoriamente, prejuízo para o desejado rigor dogmático que deve sempre controlar a existência da lei criminal.

Tanto assim que, por exemplo, é inegável que o próprio conceito tradicional de culpa é posto em causa perante evoluções como a da consagração crescente da responsabilidade penal das pessoas colectivas, em

---

[108] Já na sua obra *Política Criminal y Sistema de Derecho Penal*, Barcelona, Bosch, 1972, pp.18 ss., CLAUS ROXIN chamava a atenção para o facto de que a dogmática do Direito Penal sistematicamente se alheava das preocupações político-criminais, tornando-se num sistema apriorístico e fechado. Neste sentido, e em defesa de uma integração progressiva dos valores da política criminal no Direito Penal, em função da solidificação de uma "ciência global do direito penal" (ou "ciência universal do direito penal" na expressão originária de VON LISZT, em *Strafrechtliche Aufsatze und Vortrage*, tomo I, Berlin, Guttentag, 1905, p.292) também J. FIGUEIREDO DIAS em *Os Novos Rumos da Política Criminal e o Dieito Penal Português do Futuro*, Revista da Ordem dos Advogados, 43 (1983), pp.5 ss.

[109] De certo modo, a crise da criminologia parece acompanhá-la desde o seu nascimento, uma vez aceite como seu objecto paradigmático a explicação da etiologia do crime. Na verdade, a explicação do crime e da sua origem estão longe de ser alcançadas, falhados que se reconhecem ter sido os ensaios das teorias de nível individual, que explicaram o crime do prisma do homem delinquente (*v.g.* as teses bioantropológicas, as psicodinâmicas, as psico-sociológicas), bem como das de nível sociológico, em que o crime foi visto do ponto de vista de uma sociedade criminógena (*v.g.* as teses etiológicas, as de sub-culturas, as interaccionistas), quer assumindo formas monofactoriais, quer multifactorias. Neste sentido, o advento do *labeling aproach* como doutrina criminológica de intervenção – que explica o crime já do ponto de vista das audiências que rotulam o delinquente e os seus actos, em prejuízo da tradicional posição do objecto de estudo, deslocando o problema criminológico dos *bad actors* para os *powerful reactors* – ilustra definitivamente as insuficiências de uma ciência empenhada na explicação do fenómeno social do crime. Para uma visão global sobre o assunto, *vide* J. FIGUEIREDO DIAS e M. COSTA ANDRADE em *Criminologia – O Homem Delinquente e a Sociedade Criminógena*, Coimbra Editora, Reimpressão, 1992, pp.153, ss., e ainda T. PIZARRO BELEZA, A Moderna Criminologia e a Aplicação do Direito Penal, Revista do Ministério Público, n.º 32, 1987, pp.49-83. Para aprofundamentos sobre a actual discussão de *labeling*, G. NETTLER, *Explaining Crime*, Nova Iorque, McGraw-Hill, 1978, pp.166 ss.

prejuízo do velho brocardo *societas delinquere non potest*[110]. Com efeito, e seguindo recomendações das próprias instâncias internacionais (como o Conselho da Europa[111]) esta consagração fez preponderar a realidade prática sobre os obstáculos conceptuais clássicos de imputação criminal às pessoas colectivas[112], como seja a necessidade de culpa subjectiva.

---

[110] A consagração aberta da responsabilidade penal das pessoas colectivas conhece a manifesta oposição de diversos autores, para os quais não faz qualquer sentido faz pretender-se a incriminação de actuações de uma pessoa colectiva, já que o respectivo processo de formação de vontade não obedece aos padrões humanos, nem se pauta por uma vontade única e unívoca. A deliberação tomada por maioria dos sócios, contra a oposição expressa dos restantes, por exemplo, bastaria para retirar o conteúdo eminentemente ético ao juízo de culpa, implícita na condenação penal. Outros argumentos se somam contra a possibilidade de punir as pessoas colectivas, como o princípio da personalidade das penas, a incapacidade de arrependimento, a inaplicabilidade da pena de prisão, etc. No entanto, a ideia de responsabilidade penal das pessoas colectivas visa inegáveis fins pragmáticos, cuja prossecução político-criminal parece ser, hoje em dia, imprescindível.

[111] Como bem reconhece o preâmbulo do D-L n.º 28/84 de 20 de Janeiro, que estatui a responsabilidade penal das pessoas colectivas para ofensas à economia nacional e à saúde pública. As principais recomendações do Conselho da Europa, neste sentido, constam da Resolução (77)28 sobre a contribuição do Direito Penal para a protecção do ambiente, da Recomendação R(81)12 sobre a criminalidade económica, da Recomendação R(82)15 sobre o papel do Direito Penal na protecção dos consumidores e da Recomendação R(88)18 sobre a responsabilização das pessoas morais pelas infracções cometidas no exercício de actividades empresariais. Nesta última, particularmente empenhado em contrariar a irresponsabilidade das pessoas colectivas, o Conselho da Europa expressa o desejo de vencer as dificuldades tradicionais da responsabilização das pessoas colectivas, preconizando uma responsabilização com o seguinte teor, em texto anexo: *"As empresas devem ser responsáveis pelas infracções cometidas no exercício das suas actividades, ainda que a infracção seja estranha ao objecto da empresa; A empresa deve ser responsável haja ou não identificação da pessoa física que praticou os factos ou omissões constitutivos da infracção; Será tida em conta a natureza e gravidade da infracção, bem como as suas consequências sociais e as necessidades de prevenção, podendo ser adoptados outros sistemas de responsabilidade e de sanções, nomeadamente as aplicadas pelas autoridades administrativas, desde que submetidas a contolo judiciário; A empresa deve ser exonera de responsabilidade sempre que a sua direcção não esteja implicada na infracção e tenha adoptado todasa as medidas necessárias para prevenir a sua comissão; A imputação da responsabilidade à empresa não deve exonerar das suas responsabilidades as pessoas físicas implicadas na infracção, particularmente aquelas que exercem funções de direcção, por falta a obrigações que tenham conduzido à infracção"*.

[112] Como sucede, por exemplo, no regime jurídico das infracções fiscais não aduaneiras (art. 7.º do D-L n.º 20-A/90 de 15 de Janeiro de 1990, com a redacção conferida pelo D-L n.º 394/93 de 24 de Novembro), no âmbito do regime da criminalidade contra

Os conceitos do Direito Penal clássico formaram-se através da análise da imputação de responsabilidade à pessoa individual, ao homem, e os tradicionais conceitos de acção, de dolo, de negligência, de erro, entre tantos, são claros exemplos disso mesmo. Porém, a assunção consequente da existência de um *alter ego* empresarial, cuja figura jurídica e comercial é o verdadeiro centro da actividade criminosa[113] nos domínios do interesse empresarial[114], força o Direito a adaptar-se à realidade e, por isso mesmo, a modificar os seus conceitos dogmáticos[115] à medida da evolução do mundo[116].

---

a economia e contra a saúde pública (art. 3.º do D-L n.º 28/84 de 20 de Janeiro), no regime penal do novo Código da Propriedade Industrial (art. 258.º do novo D-L n.º 16/95 de 24 de Janeiro), no domínio da criminalidade informática (art. 3.º da L n.º 109/91 de 17 de Agosto), entre outros.

[113] Com efeito, o designado *white collar crime* tem muitas vezes a sua raiz na estrutura empresarial que, orientada para a obtenção de lucro, acaba por não obedecer à ética exigida commumente à pessoal singular. Uma vez que a figura abstracta do ente colectivo não é muitas vezes reportável à vontade de pessoas singulares determinadas, a actuação jurídica daquele termina por mais facilmente abdicar de princípios de legalidade e de moralidade que continuam – por estranho que pareça – a ser caros ao cidadão. Veja-se, a título ilustrativo, as frequentes práticas de fraudes fiscais, especulação, infracções informáticas, espionagem industrial, sabotagem, concorrência desleal, falência fraudulenta, ofensas ambientais, etc., tão comuns no meio empresarial. A este propósito, *vide*, com bastante pragmatismo, M. MACAÍSTA MALHEIROS, *O Ilícito Penal Económico e o Código Penal de 1982*, Revista do Ministério Público, n.º 13, 1983, pp.41-60.

[114] Como são os caso na criminalidade financeira, fiscal, económica, industrial, contra a propriedade intelectual, contra a saúde pública, informática, entre outras.

[115] Veja-se, a título ilustrativo, que contrariamente ao que sucede em sede de responsabilidade das pessoas individuais, a pena de dissolução da pessoa colectiva (equivalente na prática à pena de morte, por extinção da personalidade jurídica) não tem suscitado grande polémica doutrinária em torno de questões éticas, sendo consagrada com frequência nos citados regimes jurídico-penais (*vide*, quanto às infracções fiscais não aduaneiras, o art. 12.º do D-L n.º 20-A/90 de 15 de Janeiro de 1990, com a redacção conferida pelo D-L n.º 394/93 de 24 de Novembro e, quanto aos crimes contra a economia e saúde pública, o art7.º do D-L n.º 28/84 de 20 de Janeiro).

[116] Se se pretende combater a criminalidade verdadeiramente existente, terá forçosamente de se responsabilizar a própria pessoa colectiva criminosa. Para tanto, só a orientação de adaptar os conceitos do Direito Penal às personalidade colectiva e de lhe adaptar igualmente as penas aplicáveis, permitirá a efectiva responsabilização das mesmas. Bastará observar a evolução recente da restante legislação europeia para verificar que, apesar de inegáveis obstáculos, tal responsabilização é verdadeiramente possível.

As implicações na dogmática penalista, trazidas pelo seu aperfeiçoamento, colocam diariamente em causa os tradicionais contornos do próprio Direito Penal, enquanto sistema normativo de última *ratio*, baseado na censura ética.

Daí que o progressivo reajustamente generalizado da teoria geral da infracção traga como consequência natural a proposta paralela de um conceito funcionalizado de culpa. Por seu turno, a proposta de um conceito funcional de culpa, não parece ser mais do que a consequência natural da normativização da mesma[117]. Tanto assim que, vingando o conceito normativo de culpa – que no processo de normativização implicou reflexamente a subjectivização do ilícito – é notório que ficam criadas as circunstâncias de vulnerabilidade que permitem a descaracterização do seu conteúdo[118], proposta pelo funcionalismo[119].

Assim, perdendo a culpa o nexo psicológico e os elementos subjectivos, que foram na verdade as "características de nascença" da culpa em WELZEL, as portas ficam abertas para as interferências externas, vindas de outras categorias dogmáticas.

ROXIN, por exemplo, atinge a funcionalização por um meio peculiar, através da fusão da culpa com a prevenção especial, tendo esta última o papel preponderante, enquanto a proposta radical de JACKOBS submete totalmente a culpa à prevenção geral e ao utilitarismo social.

É certa a afirmação de ROXIN ao defender que a censurabilidade é condição necessária, mas não suficiente, da responsabilidade – tem de lhe

---

[117] WINFRIED HASSEMER diz mesmo que o momento actual da discussão em torno do conceito funcional de culpa é o culminar de todo o processo de normativização, em *Einfuhrung in die Grundlagen des Strafrechts*, Beck, 1981 (traduzido para o idioma espanhol em *Fundamentos del Derecho Penal*, Bosch, 1984, pp.287-288), com o que concorda ALESSANDRO BARATTA em *Integration-Praevention. Eine Systemtheorische Neubegrundung der Strafe*, Kriminologisches Journal, 1984 (traduzido em Cuadernos de Politica Criminal, 1984, p.536 e MICHAEL BAURMANN em *Zweckrationalitat und Strafrecht, Argumente fur ein tatbezogenes MaBnahmerecht*, Westdeutscher Verlag, 1987, p.288.

[118] GUNTER JACKOBS, em *vorwort* (prólogo) ao seu manual *Strafrecht – Allgemeiner Teil, Die Grundlagen und dir Zurechnungslehre*, De Gruyter, 1983, refere-se explicitamente à sua intenção de "renormativização" de todas as categorias penais.

[119] Para uma perspectiva elucidante das proporções do funcionalismo na actual dogmática germânica, vide WINFRIED HASSEMER, *La Ciencia Juridico Penal en la Republica Federal Alemana*, em "Anuario de Derecho Penal y Ciencias Penales", tomo XLVI, F.I, 1993, pp.67-80.

acrescer a necessidade preventiva de sanção. É tão certa quanto é certa a imprescindibilidade da análise jurídica dos fins da pena, da finalidade da consagração de uma responsabilidade penal. O que equivale a afirmar a necessidade da teoria dos fins da pena em qualquer Estado de Direito Democrático[120]. Sem dúvida.

No entanto, os funcionalistas não fazem mais que fundir as problemáticas da culpa, com a dos fins da pena, no intuito de materializar o conceito normativo de culpa, ao mesmo tempo que ensaiam uma associação pouco rigorosa com a política criminal. E este método não parece ser o melhor para definir o conteúdo próprio da categoria da culpa.

Aliás, a crítica ao funcionalismo não se fez esperar[121]. As posições de KAUFMANN (que datam já desde 1967[122]) parecem ter lançado a plataforma que viria a sustentar grande parte da crítica ao pensamento funcionalista[123]. Com efeito, este autor afirma que reduzir a culpa à sua função

---

[120] Enquanto produto da função legislativa do Estado, o Direito Penal subordina--se necessariamente e aos fins daquele. Daí que o próprio fundamento e legitimidade do Direito Penal se relacionem intimamente com a sua finalidade, ou seja, com os fins da pena. Assim, baseada na triologia clássica Retribuição/Prevenção Especial/Prevenção Geral (que constitui a paleta das opções dogmáticas até hoje nunca definitivamente abandonadas) a teoria dos fins das penas constitui uma peça essencial para a justificação do poder punitivo do Estado. Para desenvolvimento *vide*, por todos, J. FIGUEIREDO DIAS, *Direito Penal Português – As consequências jurídicas do crime*, Aequitas Editorial de Notícias, 1993, pp.1-89., e também em *Os Novos Rumos da Política Criminal e o Dieito Penal Português do Futuro*, Revista da Ordem dos Advogados, 43 (1983), pp.24 ss.

[121] Outros autores, como JURGEN TIEMEYER (em *Zur Moglichkeit eines Erfahrungswissenschaftlich Gesicherten Schuldbegriffs*, "Zeitschrift fur die Gesamte Strafrechtswissenschaft",1988, pp.527-566) e KNUT AMELUNG (em *Zur Kritik des Kriminalpolitischen Strafrechtssystem von Roxin*, Schunemman (Hrsg), "Grundfragen des Modernen Strafrechtssystems", De Gruyter, 1984, pp.85-102), concordam com alguns dos avanços funcionalistas, opondo-se, no entanto, à sua consequência mais significativa de prescindir da liberdade concreta enquanto fundamento da pena.

[122] Na sua obra *Dogmatische und Kriminalpolitische Aspeckte des Sculdgedankens im Strafrecht*, Juristenzeitung, 1967, pp.533-560, ARTHUR KAUFMANN conseguiu um texto que viria a ser citado por quase todos os opositores de ROXIN, de acordo com P. PINTO DE ALBUQUERQUE, *Introdução ao Problema da Culpa em Direito Penal*, Coimbra, Almedina, 1994.

[123] Aderindo aos argumentos de KAUFMANN, entre muitos, também CEREZO MIR, *Culpabilidad y Pena*, ADPCP, 1980, pp.348-365, CHRISTIAN SCHONEBORN, *Schuldprinzip und Generalpraventiver Aspekt*, "Zeitschrift fur die Gesamte Strafrechtswissenschaft",

limitadora é um mero artifício de raciocínio, uma vez que se tal papel lhe cabe é precisamente devido ao seu significado legitimador da própria punição. Desta afirmação inegavelmente acertada, retira ainda a conclusão de que tudo o que limita a responsabilidade penal, na verdade também a fundamenta[124]. Em acréscimo, reafirma a sua adesão à questão da liberdade, enquanto pressuposto originário de toda a ideia de culpa e da própria responsabilidade penal.

STRATENWERTH[125] vem ainda acrescentar que ROXIN, em boa verdade, termina por não explicar o fundamento das condições positivas da culpa (imputabilidade, consciência da ilicitude, exigibilidade), pelo que toda a sua construção redundaria num conceito formal de culpa, em nada esclarecido pela mera coordenação sistemática com a problemática própria da finalidade de prevenção especial. Este autor insiste ainda, de forma pronunciada, nos perigos que representam as teses funcionalistas da culpa, que proporcionam a mera prossecução das necessidades preventivas, sem disso se ter plena consciência.

Por seu turno, BURKHARDT[126] vem chamar a atenção para o facto de que a aplicação de um conceito funcionalizado de culpa, posto ao serviço das necessidades de prevenção, determina afinal um prejuízo inevitável para a liberdade do cidadão em obediência a meros critérios de eficácia político-legislativa, uma vez que, por um lado vê prescindido o pressuposto da livre escolha pelo ilícito e, por outro lado, sujeita-se à tutela do Estado na medida em que este entender adequada.

---

1976, pp.349-363, GIOVANNI FIANDACA, *Considerazioni su Colpevolezza e Prevenzione*, RIDPP, 1987, pp.836-880 e KARL KUNZ, *Pravention und Gerechte Zurechnung – Uberlegungen zur normativen Kontrolle Utilitarischer Strafbegrundung*, "Zeitschrift fur die Gesamte Strafrechtswissenschaft", 1986, pp.823-838.

[124] ARTHUR KAUFMANN, *Dogmatische und Kriminalpolitische Aspeckte des Sculdgedankens im Strafrecht*, Juristenzeitung, 1967, p.555.

[125] Sobretudo em GUNTER STRATENWERTH em *Die Zukunft des Strafrechtlichen Schuldprinzips*, C. F. Muller, 1977, ao que retornou ainda em *Willensfreiheit – Eine Staatsnotwendige Fiktion?*, "Schweizerische Zeitschrift fur Strafrecht", 1984, pp.225-241.

[126] Em BJORN BURKHARDT, *Das Zweckmoment im Schuldbegriff*, em "Goltdammers Archiv fur Strafrecht", 1976, pp.321-341, com argumentação que viria a ser aproveitada mais tarde por MANFRED MAIWALD em *Gedanken zu einem sozialen Schuldbegriff*, em Kuper et al. (Hrsg), "Festschrift fur Karl Lackner zum 70. Geburstag", De Gruyter, 1987, pp.149-166 e GIOVANNI FIANDACA em *Considerazioni su Colpevolezza e Prevenzione*, RIDPP, 1987, pp.836-880.

HASSEMER[127], por último, chama ainda a atenção para o facto de a tese funcionalista não deixar qualquer critério empiricamente determinável para a determinação da medida da pena e, neste sentido, é uma tese inoperacional.

E todas estas críticas arremessadas à tese funcionalista da culpa, somam-se afinal a tantas outras enunciadas há bastante tempo atrás, na década do pós-guerra, até porque, registe-se bem, o funcionalismo não é uma doutrina nova[128].

O funcionalismo já demonstrou os seus frutos e os seu problemas, designadamente, colocando a questão da punibilidade e a aplicação do Direito Penal ao serviço directo da política criminal, com violação do princípio da separação de poderes e do próprio princípio da legalidade. Acresce que, um conceito funcional de culpa vem des-subjectivizar a responsabilidade penal, que passa a alhear-se das circunstâncias concretas do agente, subordinando-o a um carácter de penalidade para satisfação das (indeterminadas) necessidades sociais, o que inevitavelmente põe em causa a legitimidade do próprio Direito Penal[129].

De onde, é necessário encarar seriamente o perigo que resulta das construções finalistas[130], ademais acrescido pelas suas próprias insufi-

---

[127] Quanto a este assunto em especial, WINFRIED HASSEMER, *Pravention im Strafrecht*, "Juristische Schulung", 1987, pp.257-266.

[128] *Vide*, por todos, WINFRIED HASSEMER, *História das Ideias Penais na Alemanha do Pós-guerra,* trad.portuguesa por PAULO DE SOUSA MENDES e TERESA SERRA, Lisboa, AAFDL, 1995.

[129] Neste sentido, WINFRIED HASSEMER, *Alternativen zum Schuldprinzip?*, Baumgarten et al. (Hrsg), "Europaisches Rechtsdenken in Geschichte und Gegenwart, Festschrift fur Helmut Coing zum 70. Geburstag, I", Beck, 1983, pp.89-107.

[130] LUCIANO EUSEBI, nos seus dois artigos *La "Nuova" Retribuzione. Sezione I: Pena Retributiva e Teorie Preventive* e *La "Nuova" Retribuzione. Sezione II: L'Ideologia rRetributiva e la Disputa sul Principio di colpevolezza*, publicados na RIDPP, 1983, respectivamente pp.915-969 e 1315-1357, chama a atenção, de modo particularmente exaustivo e feliz, que as novas teorias da culpa funcional significam, em termos ideológicos, a recuperação das abandonadas teorias da retribuição objectivas pelo facto, hoje encapotadas pela justificação da prevenção, especial ou geral. Assim, estar-se-ia a pretender uma regressão manifesta na dogmática penalista, confiando-se a determinação da pena a puros em parâmetros emotivos e irracionais, em detrimento do conceito material próprio da culpa, propugnando-se a radical subordinação do indivíduo ao social. Pelo contrário, e de uma vez por todas após séculos de obsurantismo na aplicação das sanções penais, o moderno Direito Penal tem de fortalecer a autonomia do conceito da culpa, reconhecendo-lhe um

ciências ideológicas. A substituição de um conceito de conteúdo tradicionalmente ético por uma mera suposição normativa de liberdade humana, indiferente a cada acto concreto, equivale a prescindir da ideia de culpa, o que nenhum dos defensores admite ser possível[131].

Decerto, todavia, é inegável o mérito de ROXIN e de outros autores de reacenderem a polémica em torno da culpa, enriquecendo toda a dogmática penalista por essa via.

Com efeito, a tese funcionalista implica a exploração das fronteiras da categoria dogmática da culpa, reafirmando, ainda que apenas pela crítica suscitada, o conceito material de culpa enquanto "pedra de toque" de toda a legitimidade do sistema penal[132].

Em boa verdade, jamais se consolidaram as bases próprias do conceito normativo de culpa. E, por este motivo, a discussão das teses funcionalistas mais recentes possibilitou estabelecer e delinear os caminhos do seu aperfeiçoamento, ao mesmo tempo que encetou o processo de compatibilização definitiva entre diversas problemáticas da dogmática penalista – como a culpa e a teoria dos fins da pena – o que viria a reflectir-se, inclusivamente, em alterações da própria lei[133].

---

conteúdo próprio, no sentido de impor a consideração de agentes portadores de direitos em prejuízo de serem meros instrumentos de política criminal.

[131] Veja-se, ilustrativamente, que as posições funcionalistas de ROXIN sobre o conteúdo da culpa levam diversos autores a questionar-se se, em boa verdade, aquele não terá já abandonado a culpa. Assim em GIOVANNI FIANDACA em *Considerazioni su Colpevolezza e Prevenzione*, RIDPP, 1987, p.859. Outros, concluem até que sim, como MUÑOZ CONDE, em *Uber den Materielen Schudbegriff*, "Goltdammers Archiv fur Srafrecht", 1978, p.70 e HANS ACHENBACH, *Individuelle Zurechnung, Verantwortlichkeit, Schuld*, Schunemann (Hrsg), "Grudfragen des Modernen Strafrechtssystems", De Gruyter, 1984, p.149.

[132] Veja-se, a este propósito, a expressiva afirmação de J. FIGUEIREDO DIAS em *Sobre o Estado Actual da Doutrina do Crime, 2ª parte, Sobre a construção do tipo-de--culpa e os restantes pressupostos da punibilidade*, in "Revista Portuguesa de Ciência Criminal", 1.°, Janeiro-Março, ano 2 (1992), p.10: *"Se a exigência de culpa não é a única forma pensável de defesa da dignidade da pessoa, ela é, em todo o caso, a mais perfeita e a mais forte com que o pensamento jurídico-penal próprio do Estado de Direito até hoje operou, pelos requisitos limitativos acrescidos e incomparáveis que nele se contém; e é assim o penhor mais seguro de legitimação(...) Por isso se deve persistir em ver no princípio da culpa uma autêntica máxima de civilização e de humanidade, para a qual não se descortina ainda hoje alternativa."*.

[133] Veja-se, *maxime*, a redacção do artigo 40.° do Código Penal português, imposta

No entanto, é identificável a questão do conceito material de culpa, enquanto bem distinta da questão da necessidade de prevenção, porquanto é certo que não se resolvem os problemas levantados por uma, com a mera associação à outra. Bem como é certo que não se evitam as questões da culpa fundada na liberdade, na expressão de HASSEMER, "*convidando o inimigo da culpa, a prevenção, para dentro de sua casa*"[134].

Aliás, e quanto à questão específica da liberdade enquanto fundamentadora do conteúdo material da culpa, a tese funcionalista em nada contribuiu para o esclarecimento da mesma. Pelo contrário, os funcionalistas afastam-se a polémica[135], em benefício de uma concepção de culpa sem conteúdo ético.

No entanto, esta posição parece ser demasiado redutora, na medida em que retirar a liberdade individual, ainda que reduzida a um mínimo denominador, como pressuposto da culpa, equivale a retirá-la como pressuposo da responsabilidade penal. E, logo, tal equivaleria a uma concepção não-ética do Direito Penal, próxima da responsabilidade objectiva consagrada no Direito Civil. O que face à lei penal portuguesa parece totalmente inaceitável.

Neste sentido e perante a multiplicidade de interpretações do conteúdo da culpa, urge assentar algumas ideias sobre o conceito material de culpa, a fim de podermos prosseguir no nosso estudo.

---

pelo D-L n.º 48/95 de 15 de Março, decalcada do projecto alternativo para o *Strafgesetzbuch* (StGB) de CLAUS ROXIN.

[134] WINFRIED HASSEMER, *Alternativen zum Schuldprinzip?*, Baumgarten et al. (Hrsg), "Europaisches Rechtsdenken in Geschichte und Gegenwart, Festschrift fur Helmut Coing zum 70. Geburstag, I", Beck, 1983, p.92.

[135] P. PINTO DE ALBUQUERQUE, em *Introdução ao Problema da Culpa em Direito Penal*, Coimbra, Almedina, 1994, pp.74-75, em jeito de balanço sobre esta questão diz-nos que: "*A questão da liberdade redunda num 'non liquet' teórico (...) A liberdade é por uns suposta como uma ficção normativa (Roxin, Lenckner, Rudolphi) e por outros substituída por um reconhecimento hipotético do determinismo (Engisch, Stratenwerth), ou, ao invés, por um reconhecimento pragmático da liberdade (Bockelmann, Krumpelmann, Schreiber, Albrecht) ou também por uma 'Alltagstheorie' da liberdade limitadora das necessidades de prevenção (Achenbach, Kunz, Streng) ou ainda por um 'Einstehenmussen', um ter de responder pelo incumprimento objectivo de deveres ou pela estabilização social de comportamentos (Ellscheid, Hassemer, Ordeig, Jackobs)*".

Em nosso entender, o Direito Penal tem um conteúdo ético-axiológico[136], uma vez que impõe aos agentes uma conduta pautada por generalizadas e mínimas exigências éticas, que possibilitam a vivência em sociedade, ao mesmo tempo que protegem a individualidade e a dignidade de cada cidadão.

Assim, a atribuição de culpa subjectiva a um agente determinado, importa, inegavelmente[137], um juízo de desaprovação da sua conduta. Tanto que, quando essa conduta não é ética e humanamente exigível (*maxime* por faltas das condições positivas de culpa), também não será censurável e, logo, não haverá lugar a responsabilidade penal.

Pelo que, de acordo com o raciocínio exposto, *a culpa consiste num juízo ético-valorativo, baseado em pressupostos de exigibilidade*[138], *e fundamentado na necessidade de auto-protecção da comunidade social*.

Se aceitarmos que a ordem jurídica é expressão da ordem social, teremos então que aceitar que a censura normativa é sempre também censura social. De onde o conceito normativo de culpa, funda-se na reprovação social[139], enquanto orientada por imperativos éticos[140].

---

[136] Aliás, quanto a este aspecto parece haver unanimidade na dogmática penalista portuguesa, como defende J. OLIVEIRA ASCENSÃO, em *Direito Penal 1 – Roteiro*, Lisboa, AAFDL, 1995/96, p.91 e como retrata A. TAIPA DE CARVALHO em *Condicionalidade Sócio-Cultural do Direito Penal*, Coimbra, 1985, onde afirma: "*Numa palavra: a função do direito penal é a protecção do mínimo ético-jurídico fundamental (dimensão axiológica)*" (p.90).

[137] Negá-lo, seria negar o carácter reprovador da atribuição de responsabilidade penal, o que é incompatível como uma visão eticista do Direito Penal. Se esta visão eticista é obrigatória face a um conceito psicológico de culpa – em que, por exemplo, cabe uma punição mais forte à conduta dolosa – também não deixa de o ser perante um conceito normativo de culpa, desde que esta não se funde exclusiva ou predominantemente em critérios de prevenção, como defendem os funcionalistas. Tanto assim que, o conceito normativo de culpa não afasta automaticamente a correspondência de uma pena maior ao agente que mais deliberadamente viola o Direito.

[138] Cfr. EDUARDO CORREIA, *Direito Criminal*, Vol.I, Coimbra, Almedina, reimp. 1996, pp.443 ss.

[139] Neste pormenor verifica-se uma aproximação à tese da justificação social da pena, defendida por ROXIN, se bem que nunca na mera perspectiva da prevenção.

[140] Todavia, pelo seu carácter ético não pode dizer-se, em nosso entender, que a culpa e a responsabilização penal se limitam a finalidades essencialmente retributivas, como defende FARIA COSTA, em *O Perigo em Direito Penal (Contributo para a sua Fundamentação e Compreensão Dogmáticas)*, Coimbra, 1992, p.373.

Quanto à questão da liberdade do agente[141], sem dúvida que esta é inseparável do conteúdo ético subjacente à culpa[142], como a toda a responsabilidade penal[143]. Mas, mais do que preocupar-se com a liberdade ôntica do indivíduo desde a sua nascença, a censura social (normativa) ocorrerá perante a existência de um mínimo de liberdade de opção[144], no momento concreto da actuação do agente, expresso pela circunstância de este poder ter agido de outro modo[145]. Esta posição tem correspondência, aliás, com a adoptada pela jurisprudência do Supremo Tribunal Alemão e defendida por WELZEL[146] e, entre, nós também defendida por FIGUEIREDO DIAS[147], até certo ponto[148].

---

[141] Para uma perspectiva sumária e globalizante da consideração do problema da liberdade pelas ciências humanas e pelo Direito, *vide*, por todos, NUNO JOSÉ DE ALBUQUERQUE SOUSA, *A Liberdade e o Direito*, apud "Estudos em Homenagem ao Prof. Doutor Eduardo Correia", Vol.III, Coimbra, BFDUC, 1984, pp.239-283.

[142] Neste exacto sentido, J. OLIVEIRA ASCENSÃO, afirma que "*A culpa pressupõe que o homem seja responsável. Só há responsabilidade se houver liberdade.*" (apud Direito Penal 1, Roteiro, Lisboa, AAFDL, 1995/96, p.91). TERESA SERRA também reconhece que "*o substracto material sobre o qual se constrói o juízo de culpa, só pode ser o do reconhecimento da liberdade e da consciência ética do agente*" (em *Homicídio Qualificado, Tipo de Culpa e Medida da Pena*, Coimbra, Almedina, 1992, p.35.).

[143] "*O princípio da culpa é, no direito penal como na moral, absolutamente indispensável*", apud J. FIGUEIREDO DIAS, *Liberdade, Culpa e Direito Penal*, Coimbra, 1976, p.62.

[144] Neste sentido, EDUARDO CORREIA afirmava que "*Neste caminho de solução não se está, aliás, sozinho: G.Bettiol e H.H.Jescheck são dois dos criminalistas de nomeada que, na Itália e na Alemanha, propugnam por que se purifique o verdadeiro direito penal – o direito penal dos homens livres e dotados de razão*" (Actas das Sessões da Comissão Revisora do Código Penal, Parte Geral, Vol.I, AAFDL, p.149).

[145] Tomamos partido, assim, pela posição de J. FIGUEIREDO DIAS, quanto à questão da liberdade humana verdadeiramente existente, quando este afirma que "*A vontade não é livre a partir do exterior, antes se encontra limitada pelas fronteiras do realizável*", J. FIGUEIREDO DIAS, *Liberdade, Culpa e Direito Penal*, Coimbra, 1976, pp.61, contrariamente à tese da liberdade da vontade, indiferenciada do poder realmente agir de outra maneira.

[146] Além de muitos, entre os quais KAUFMANN e STRATENWERTH. No entanto, sendo WELZEL o principal responsável pela configuração inicial do conceito normativo de culpa, a sua referência é sempre fundamental.

[147] Como é patente nas posições assumidas em diversas obras, bem expressas na afirmação de que: "*O concreto poder do agente individual de, na situação, agir de outra maneira vem a revelar-se como pressuposto irrenunciável da natureza ética do juízo de culpa*", *vide* J. FIGUEIREDO DIAS, *Liberdade, Culpa e Direito Penal*, Coimbra, 1976, p.58.

[148] Porém, J. FIGUEIREDO DIAS combina a sua posição com a tese da *Gesinnungsschuld*, como culpa da atitude interior positivada no facto criminoso, como regista em

Assim, o pressuposto de uma liberdade concreta de opção integra a noção de culpa, enquanto censura normativa (social), no sentido em que *"culpa é a censurabilidade do comportamento humano, por o culpado ter querido actuar contra o dever quando podia ter querido actuar de acordo com ele"*[149].

Acresce ainda que, como critério empírico essencial à determinação do grau de censurabilidade do comportamento do agente, também o nexo subjectivo-psicológico deste com o seu acto ilícito deverá ser tido em conta. Fala-se, então, da dupla relevância do dolo e da negligência na Teoria Geral da Infracção.

Isto, porquanto é inegável que a censurabilidade ética da conduta do agente deverá ser tanto maior quanto mais intensa e mais directa é a sua vontade de infringir a lei. Assim, se os elementos subjectivos do ilícito (dolo e negligência), são prescrutados em sede de tipo, sob um prisma ainda objectivo[150] – insensível à valoração negativa dos mesmos – nada obsta a que aqueles venham a ser reconsiderados para efeitos da incidência de um juízo final de censurabilidade[151]. Até porque a consideração das motivações, dos fins e dos sentimentos do agente – cujo relevo em sede de graduação da culpa é unanimemente reconhecido – é indissociável dos elementos subjectivos do tipo.

Aliás, *"hoje é quase unânime a recuperação da relevância material do dolo e da negligência para a culpa do agente"*[152,153].

---

*Sobre o Estado Actual da Doutrina do Crime, 2ª parte, Sobre a construção do tipo- -de-culpa e os restantes pressupostos da punibilidade*, in "Revista Portuguesa de Ciência Criminal", 1.º , Janeiro-Março, ano 2 (1992), pp.13-14: *"Que, a partir daqui, se defenda que em direito penal o agente tem de responder, a título de culpa, pela personalidade ético-socialmente censurável documentada no facto.".* CLAUS ROXIN, em *Questões Fundamentais da teoria da responsabilidade* (tradução portuguesa M. CONCEIÇÃO VALDÁGUA, R.P.C.C., n.º 4 (1991), pp.519 ss. identifica a posição de FIGUEIREDO DIAS apenas com a corrente doutrinária da culpa como censura pelo carácter.

[149] J. FIGUEIREDO DIAS, *Liberdade, Culpa e Direito Penal*, Coimbra, 1976, pp.20 ss.

[150] No sentido em que apenas se pretende avaliar do preenchimento ou não do tipo criminal, sem referências desvalorativas e virtualmente até preenchido licitamente.

[151] Atentos, porém, às limitações impostas pelo princípio *"non bis in idem"*.

[152] P. PINTO DE ALBUQUERQUE, em *Introdução à Actual Discussão Sobre o Problema da Culpa no Direito Penal*, Coimbra, Almedina, 1994, pp.13, apontando os traba-

Neste sentido, não deixa de ser curioso assistir ao regresso de um postulado essencial[154] do conceito psicológico de culpa[155], embora encapotado pela sua inserção na dogmática pós-finalista da teoria geral da infracção. O que não parece ser mais do que um nítido sintoma das insuficiências da construção da culpa normativa pura.

Até porque, na sua essência ontológica, o conceito normativo de culpa não consegue distanciar-se assim tanto do conceito psicológico de culpa[156], sendo seguramente o momento em que cada qual opera na Teoria Geral da Infracção – colocado antes ou depois da ilicitude – o seu elemento de distinção formal mais seguro.

Mas, por mais que prolongue a discussão sobre o conteúdo material do conceito de culpa, é, pelo menos, possível chegar à conclusão segura de que a categoria da culpa desempenha ainda um papel insubstituível na dogmática penalista da Teoria Geral da Infracção criminal, como patenteiam as palavras de J. FIGUEIREDO DIAS: *"Concluo, por isso, que, à luz*

---

lhos sobre a tradição europeia comum de REINHARDT MOOS, HANS-HEINRICH JESCHECK e BERND SCHUNEMANN.

[153] Entre nós, J. FIGUEIREDO DIAS assume moderadamente a necessidade da dupla valoração do dolo, considerado na culpa como elemento emocional, em *Sobre o Estado Actual da Doutrina do Crime, 2ª parte, Sobre a construção do tipo-de-culpa e os restantes pressupostos da punibilidade*, in "Revista Portuguesa de Ciência Criminal", 1.º, Janeiro-Março, ano 2 (1992), pp.19-21.

[154] A valoração das característcas do dolo e da negligência em sede de culpa, evidentemente.

[155] É curioso notar que, mesmo entre os defensores deste conceito de culpa, alguns autores, a certo momento, já antecipavam a possibilidade da dupla valoração de certos elementos subjectivos do facto típico, em diferentes momentos dogmáticos da análise do crime, Desde logo o próprio EDUARDO CORREIA, principal responsável pela formulação actual da culpa no Código Penal, que virá a consagrar o substracto normativo a que FIGUEIREDO DIAS faz apelo para a sua tese da dupla valoração do dolo (no tipo e na culpa), mas também em MANUEL CAVALEIRO DE FERREIRA, que proclamava a dupla valoração da premeditação, em sede de classificação do dolo e de qualificação da culpa, enquanto agravante dúplice da pena (designadamente em *A Premeditação* (1944), *apud* "Obra Dispersa", Univ.Católica, Vol.I, 1933/1959, pp.123-141).

[156] Tanto mais que, em bom rigor, não só a ideia de censurabilidade já se encontrava materialmente sediada na ideia psicológica de culpa – uma vez que tal era a consequência ética inegável da existência do dolo ou da negligência -, como também, por outro lado, não se consegue verdadeiramente entender a culpa normativa se esta não se reportar minimamente aos elementos subjectivos, muito embora completados pelos demais.

*do valor jurídico-constitucional da garantia da dignidade do homem, não há alternativa à necessidade de mediação da pena pela culpa; e por uma culpa que contenha um elemento ético-pessoal limitador das exigências que de outros pontos de vista – nomeadamente de política criminal preventiva – se façam à responsabilização do agente*"[157].

De realçar que, apesar de se poder defender que se encontra consagrado no actual Código Penal português um conceito de culpa de raíz normativa, o contributo da doutrina nacional para a determinação exacta de qual seja o seu conteúdo revela-se bastante diminuto, sobretudo quando comparado com o volume de produção doutrinária a que tal questão tem dado origem, nomeadamente na Alemanha.

Tanto mais quanto é inegável que só o conceito psicológico de culpa criou raízes na dogmática portuguesa[158].

Assim, a introdução progressiva de um conceito normativo no Direito Penal português, após o afastamento de um conceito puramente psicológico, foi alvo de uma lenta assimilação quer ao nível jurídico-sistemático, quer ao nível doutrinário[159].

Assumir definitivamente a existência e a consagração de um conceito material de culpa[160], por mais contestáveis que possam ser os seus

---

[157] Apud JORGE FIGUEIREDO DIAS, *Pressupostos da Punição e Causas que Excluem a Ilicitude e a Culpa*, em "O Novo Código Penal Português e Legislação Complementar, Jornadas de Direito Criminal, CEJ, 1983, p.67.

[158] Com efeito, até à consagração do novo Código Penal, em 1982, e uma vez que o conceito psicológico de culpa identifica este conceito com a neligência – à imagem da tradição romanista – fazia sentido distinguir-se entre crimes dolosos (ou intencionais) e crimes culposos (ou negligentes), como se regista na quase totalidade dos penalistas no período anterior a 1982. Nomeadamente LUIZ LOPES NAVARRO, em Direito Penal, Coimbra, pp.172 ss., CAEIRO DA MATTA, em Direito Criminal Português, Coimbra, 1911, Vol.II, pp.308 ss.

[159] A este propósito EDUARDO CORREIA referia que: "*a culpa pode entender-se, e já se entendeu, como vimos, num puro sentido psicológico de imputação subjectiva do facto a um agente. Neste sentido, os pressupostos da imputação, como as suas formas (dolo, negligência), haveriam de procurar reconduzir-se também a juízos psicológicos, insusceptíveis de qualquer valoração ou graduação*" (em Direito Criminal, Vol.II, Reimp., Coimbra, Almedina, 1996, §18.º, 59, p.323).

[160] Neste sentido, J. OLIVEIRA ASCENSÃO adverte para a "*necessidade de entender a culpa em sentido material*" a fim de " *não reduzir o princípio a mera manipulação semântica*" (*Direito Penal 1. Roteiro*, AAFDL, 1995/96, p.14).

contornos, é porém tarefa de todos os penalistas que encontrem no Direito Penal um conteúdo ético[161].

Todavia, há que não perder de vista que, e antes de mais, será o conceito de culpa efectivamente consagrado (ou não) na lei portuguesa, aquele que directamente vinculará qualquer intérprete-aplicador, designadamente, no âmbito do presente trabalho, a jurisdição penal.

São os ditames da lei penal substantiva que determinarão a validade processual da culpa, pelo que cumpre, desde logo, estabelecer quais são aqueles.

---

[161] Neste domínio, aliás como em outros do Direito Penal, há-de reconhecer-se a doutrina de EDUARDO CORREIA como referência obrigatória no sentido do alcance da *"mens legis"*, uma vez que o pensamento deste autor foi directamente condicionador do sentido legal da culpa.

## III. Culpa no Ordenamento Jurídico Penal Português

### III. 1. Direito Penal Material

Não é tarefa fácil estabelecer o conteúdo do conceito de culpa patente na lei penal, certamente porque também não é tarefa do legislador fixar taxativamente conceitos que, precisamente pela sua indefinição e elasticidade, poderão adaptar-se progressivamente às novas necessidades do Direito e da Política Criminais, servindo como "janelas" do sistema jurídico[162].

No entanto, em virtude das funções de garantia imprescindíveis que o princípio *nullum crimen sine lege* desempenha no Direito Penal – nomeadamente através dos seus corolários da tipicidade, da completude máxima do seu conteúdo e da proibição de métodos interpretativos que extrapolem um mínimo de correspondência verbal na letra da lei, no domínio da incriminação de condutas – é visível a limitação do jurista-intérprete penalista, quanto à fixação do conteúdo de conceitos, como neste caso a culpa, sem que se obtenha uma expressa correspondência na letra da lei.

Assim, na senda do presente estudo, ao tentarmos estabelecer afinal que culpa deverá ou não ser sujeita à respectiva prova, torna-se neces-

---

[162] A expressão original é de ESSER, em *Grundsatz und Norm in der Richtlichen Fortbildung des Privatrechts*, JCB Mohr (Paul Siebeck), Tubingen, 1956, pp.150, e, de acordo com P. PAIS DE VASCONCELOS em *Teoria Geral do Direito Civil*, Lisboa, Lex, 1995/96, pp.28 ss., simboliza as técnicas legislativas e/ou institutos jurídicos que tornam o sistema jurídico permeável às influências exteriores, aos dados extra-jurídicos e extra-legais, que permitem a constante adaptação do Direito à realidade, ao mesmo tempo que impulsionam a sua permanente evolução.

sário, antes de mais, estabelecer com rigor o que é que a lei penal estatui acerca da culpa, uma vez que não chega a defini-la peremptoriamente.

É certo que, mesmo com as suas características específicas na sistemática penal, a interpretação da lei penal não deixa de ser uma operação hermenêutica, e que, por isso, partilha das preocupações que FRANCESCO FERRARA assim expressou: "*As palavras são símbolos e portadoras do pensamento (...) Relevante é o elemento espiritual, a 'voluntas legis', embora deduzida através das palavras do legislador. Entender uma lei, portanto, não é somente aferrar de modo mecânico o sentido aparente e imediato que resulta da conexão verbal; é indagar com profundidade o pensamento legislativo, descer do contexto verbal ao conceito íntimo que o texto encerra e desenvolvê-lo em todas as direcções possíveis (...)*"[163].

No entanto, nem assim se consegue ignorar a evidente importância das regras definidas pelo legislador[164], uma vez que, destas há-de depender a sorte de todas as construções sobre culpa acima enunciadas.

De onde, pesquisando a totalidade do sistema jurídico-penal substantivo, cumpre em primeiro lugar tentar encontrar possíveis referências à culpa penal em sede de Lei Fundamental, sendo certo que, em tal diploma, seguramente nunca encontraríamos uma definição material daquele conceito, mas sim, eventualmente, alguma(s) referência(s) que nos permitisse(m) afirmar o reconhecimento de que aquela constituir um inegável princípio estrutural do *corpus iuris* penal.

---

[163] FRANCESCO FERRARA, *Aplicação e Interpretação das Leis* (trad. portuguesa de MANUEL DE ANDRADE, 3ª edição, Coimbra, 1978, p.127).

[164] Novamente, no quadro da questão do conceito legal de culpa, nos deparamos com um significativo exemplo da importância da função legislativa que, apesar de aparentemente estar apenas limitada pela própria legitimidade demmocrática, o certo é que nunca deverá ser exercida sem a sujeição à finalidade de busca da regra melhor para a sociedade. Neste sentido, e manifestando amplamente a responsabilidade do Estado no exercício da respectiva função legislativa, lembremos as palavras de JEAN-JACQUES ROUSSEAU: "*O legislador é, sob todos os aspectos, um homem extraordinário no Estado. (...) Qualquer homem pode gravar tábuas de pedra ou adquirir um oráculo, ou simular um secreto comércio com uma divindade, ou ensinar um pássaro a falar-lhe ao ouvido, ou descobrir outros meios grosseiros de se impor ao povo. Aquele que não souber mais do que isso, até poderá reunir por acaso um grande grupo de insensatos: mas jamais fundará um império, e a sua extravagante obra não tardará a perecer com ele.*" (*Du Contrat Social, ou Principes du Droit Politique*, 1772, trad.portuguesa por ROGÉRIO FERNANDES, Lisboa, Portugália ed., 1968, pp.121-122).

Na verdade, no âmbito do Direito Penal, a Constituição desempenha funções insubstituíveis, submetendo-o a exigentes imposições e estruturando-o de acordo com princípios orientadores, limitativos e legitimadores do poder punitivo do Estado.

Em consequência, sendo a Constituição fonte privilegiada de Direito Penal[165] e encontrando-se todo o regime jurídico-penal sujeito aos mesmos ditames que dela emanam[166], é assim uma questão relevante a da sede constitucional do princípio da culpa, na exacta medida em que se pretenda afirmar este princípio como solidamente estabelecido na base de todo o sistema jurídico penal.

Em termos formais, é inegável que a Constituição da República Portuguesa não faz menção expressa do princípio da culpa, sem prejuízos de igualmente ser evidente a expressão de certos afloramentos normativos que decorrem directamente daquele princípio, ou que com ele se relacionam em total harmonia, tais como a proibição da restrição arbitrária de quaisquer Direitos Fundamentais (artigo 13.º n.º 2 e artigo 18.º n.º 2 CRP), a regra da intransmissibilidade das penas[167] (artigo 30.º n.º 3 CRP), o princípio da proporcionalidade e da limitação das penas (artigo 18.º

---

[165] Tanto mais que, nas palavras de JOSÉ DE SOUSA E BRITO, "O direito penal funda-se na Constituição no sentido de que as normas que o constituem, ou são elas próprias normas formalmente constitucionais, ou são autorizadas ou delegadas por outras normas constitucionais. A Constituição não contém normas penais completas (...), contém disposições de direito penal, que determinam em parte o conteúdo de normas penais" (A Lei Penal na Constituição, in "Textos de Apoio de Direito Penal", tomo II, A.A.F.D.L. 1983/84, pp.5 ss.).

[166] O mesmo é dizer que o Direito Penal obedece à Constituição da República Portuguesa, na medida em que está sujeito às metas e princípios constitucionais, porquanto, e antes de mais, "*Se (o Direito Penal) protege os direitos fundamentais das pessoas mediante a incriminação das suas ofensas mais graves, também é ele que, pelas sanções que comina, atinge mais incisiva e intensamente tais direitos e, por isso, só o pode fazer nos exactos parâmetros da lei e na medida da necessidade*" (JORGE MIRANDA, *Constitucionalidade da Protecção Penal dos Direitos de Autor e da Propriedade Industrial*, em R.P.C.C., 4 (1994), p.471).

[167] Este corolário do princípio da culpa, que inegavelmente expressa a necessária subjectividade da responsabilidade penal, tem raiz numa regra de Direito Natural, reconhecida em todos os sistemas punitivos, desde a mais longínqua Antiguidade, nomeadamente expressa no Antigo Testamento: "*Os pais não morrerão pelos filhos, nem os filhos pelos pais: cada qual morrerá pelo seu pecado*", Deuterónimo, 24, 16.

n.º 2 e artigo 30.º n.º 1 CRP), o próprio princípio processual da presunção de inocência (artigo 32.º n.º 1 CRP), entre outros.

Porém, o princípio da culpa tem sido apresentado por alguma doutrina como estando consagrado na Constituição[168].

Nomeadamente, por vezes aponta-se a norma constante do artigo 27.º n.º 2 CRP, como a expressa sede constitucional do princípio da culpa, ainda que consagrado de forma indirecta, por remissão para os condicionalismos impostos na lei geral para a responsabilização penal dos agentes.

Em nosso entender, se por um lado nos parece duvidoso poder concluir-se com segurança que o princípio da culpa se possa induzir somente das regras expressas formalmente na Constituição, por outro lado, especificamente quanto àquela última posição, de ver no artigo 27.º n.º 2 a expressão do princípio da culpa, haverá que atentar no seu carácter patentemente falacioso, uma vez que acaba por confundir a consagração de uma norma, com a pura e simples remissão para fonte de lei inferior[169]. De onde, a entender-se desse modo consagrado o princípio da culpa – que só estaria expresso directamente na lei geral – bastaria qualquer remissão da Constituição para o legislador comum, para que as normas deste passassem a considerar-se constitucionais, em total subversão das regras de dignidade e hierarquia formal das leis.

---

[168] É a própria Comissão de Assuntos Constitucionais, Direitos, Liberdades e Garantias, da Assembleia da República, que afirma existir consenso na doutrina portuguesa acerca do *"étimo constitucional"* do princípio da culpa (*apud* COMISSÃO DE ASSUNTOS CONSTITUCIONAIS, DIREITOS, LIBERDADES E GARANTIAS, *Reforma do Código Penal – Trabalhos Preparatórios*, Vol.I, Assembleia da República, Lisboa, 1995, p.118). *Vide* ainda TERESA PIZARRO BELEZA, *Direito Penal*, Vol.I, AAFDL, 1985, pp.55 ss.. Outros, como JOSÉ DE SOUSA E BRITO, em *A Lei Penal na Constituição*, in "Textos de Apoio de Direito Penal", tomo II, A.A.F.D.L. 1983/84, pp.7 ss., e ainda TERESA SERRA, *Homicídio Qualificado, Tipo de Culpa e Medida da Pena*, Coimbra, Almedina, 1992, pp.35 ss., preferem *"deduzir"* o princípio da culpa do princípio da Dignidade da Pessoa Humana e do Direito à Liberdade. Ainda sobre o assunto, J. FIGUEIREDO DIAS, *O Problema da Consciência da Ilicitude em Direito Penal*, Coimbra, 1969 (ed.1978), pp.136 ss. e M. CAVALEIRO DE FERREIRA, *Direito Penal Português*, Vol.I, Lisboa Verbo, 1981, pp.94 ss.

[169] À imagem do que sucede com as normas penais em branco, em caso de remissão para normas extra-legais, que só constituem um problema para a lei penal, precisamente porque se entende estar perante uma estatuição por si incompleta, por parte desta.

Então, terá afinal o princípio da culpa uma sede constitucional?[170]

Para responder a tal questão, em nosso entender haverá que traçar uma nítida separação entre consagração formal do princípio da culpa – que inexiste de todo na Constituição – e a respectiva consagração material[171] – que entendemos existir, com bastante clareza.

Tanto assim que, se há base suficiente para se dizer que a Constituição estabelece as grandes linhas estruturais do Direito Penal português, por intermédio dos *princípios constitucionais penais*[172], ter-se-á também de admitir que tal consagração estaria profundamente incompleta sem a consagração do princípio da culpa. Não faria mesmo sentido, uma vez que sem o princípio da culpa não se consegue entender o sistema penal português.

Daí que, mesmo perante a ausência de consagração literal e expressa do mesmo, e pondo de parte, desde logo, a questão de saber se afinal tal princípio deriva ou não do designado Direito Natural (porque não traria consequência sobre o problema em apreço), entendemos que o princípio da culpa pertence ao domínio da Constituição em sentido material[173], tanto mais que ele é o garante do sentido global do Direito Penal, desempenhando insubstituíveis funções ao nível, se não já da finalidade da pena, pelo menos da limitação e da legitimação desta.

Aliás, a função processual da culpa e o seu significado material na responsabilidade penal estão aí para o provar.

Acrescente-se, por fim, que tal entendimento deverá ver-se meramente reforçado pela consagração constitucional expressa e literal de alguns dos seus afloramentos normativos, *supra* referidos.

---

[170] Alguma doutrina, *v.g.* TERESA SERRA, em *Homicídio Qualificado, Tipo de Culpa e Medida da Pena*, Coimbra, Almedina, 1992, p.34, designa mesmo o princípio da culpa como *"princípio jurídico-constitucional da culpa"*.

[171] Aderindo aqui às concepções de Constituição em sentido material, propostas por MARCELO CAETANO, *Direito Constitucional*, Vol.I, Rio de Janeiro, 1977, pp.399 ss., e JORGE MIRANDA, *Manual de Direito Constitucional*, Tomo II, Coimbra Editora, 1985, pp.9 ss.

[172] Na expressão de PIETRO NUVOLONE, em *Norme Penali e Principi Costituzionali*, 1957 p.5.

[173] Neste sentido também, embora por outros motivos, TERESA SERRA, *Homicídio Qualificado, Tipo de Culpa e Medida da Pena*, Coimbra, Almedina, 1992, pp.34 ss.

Todavia, e ainda em sede de lei substantiva, se, por um lado, é discutível a consagração, expressa ou implícita, da culpa no quadro normativo constitucional, por outro lado é uma realidade taxativamente visível a da consagração da culpa no Código Penal, enquanto momento autónomo de aferição da responsabilidade criminal do agente.

Este entendimento, de que o princípio da culpa se encontra expressamente consagrado no Código Penal vigente, apesar de não conhecer quaisquer opositores, poderia ser eventualmente contrariado pela ausência de uma consagração frontal e positiva do princípio da culpa enquanto base legitimadora e fundamentadora de toda a responsabilidade penal, não fossem as evidências do regime globalmente considerado bastarem para aquela primeira conclusão.

Desde logo porque o próprio preâmbulo do Código Penal de 1982[174], não deixou de fazer alusão ao princípio da culpa, referindo que: *"Um dos princípios basilares do diploma reside na compreensão de que toda a pena tem de ter como suporte axiológico-normativo uma culpa concreta. O princípio 'nulla poena sine culpa' (...) corresponde, independentemente da perspectiva onde se coloque o investigador, a uma larga e profunda tradição cultural portuguesa e europeia"*.

Também os trabalhos preparatórios que antecederam a aprovação do Código Penal de 1982, designadamente de discussão do Projecto de EDUARDO CORREIA de 1963, enquanto válidos elementos interpretativos, apontam para uma indubitável intenção de promover o princípio da culpa a regra fundamental, no quadro do novo sistema normativo[175], ao mesmo tempo que também contribuem para explicar a timidez da consagração expressa da culpa, que efectivamente viria a ser determinada[176].

---

[174] Preâmbulo do Código Penal aprovado pelo D-L n.º 400/82 de 23 de Setembro.

[175] Veja-se a acta da 1ª Sessão da Comissão Revisora de 1963/64, onde se refere que: *"Quanto ao 'princípio da culpa' como fundamento geral de todo o Projecto, ele foi aceite (...) por todos os membros da Comissão Revisora"*; *"Procurou-se erigir um sistema coerente, na base sobretudo de que a culpa é o fundamento da responsabilidade de todos os delinquentes imputáveis. Esta é a base indispensável, segundo se crê, de todo o direito penal verdadeiramente moderno e eficaz"* (*Actas das Sessões da Comissão Revisora do Código Penal, Parte Geral*, Vol.I e II, AAFDL, p.10 e p.25). Veja-se ainda que, no Projecto de EDUARDO CORREIA, o princípio da culpa surgia taxativa e expressamente consagrado, desde logo assumindo a dignidade sistemática de constituir o respectivo artigo 2.º

[176] Quanto a este último aspecto, *vide* as razões de *"falta de utilidade"* que parte da Comissão Revisora apontou ao artigo 2.º do Projecto de EDUARDO CORREIA que

No Código Penal de 1982, se bem que é inegável um esforço de neutralidade dogmática por parte do legislador[177], é também certo que o conceito psicológico de culpa parece definitivamente afastado[178], em benefício de uma nova concepção de culpa que rompe amarras com a concepção anteriormente vigente[179].

Em boa verdade, o facto da rotura com o conceito psicológico de culpa é bem mais patente na redacção do Código Penal, do que, propriamente, as características exactas do conceito afinal consagrado em sua substituição.

---

rezava: *"Quem age sem culpa não é punível. (...)"* (*Actas das Sessões da Comissão Revisora do Código Penal, Parte Geral*, Vol.I e II, AAFDL, pp.52 ss.).

[177] Aliás reconhecida pela generalidade da doutrina, desde logo expressa por FERRER CORREIA, nos trabalhos da Comissão Revisora de 1963/64, quando *"fez notar que as soluções do Projecto são, de alguma forma, independentes da moldura teórica que para elas o Autor ofereceu"* (*Actas das Sessões da Comissão Revisora do Código Penal, Parte Geral*, Vol.I e II, AAFDL, p.9), como também por J. FIGUEIREDO DIAS em *Pressupostos da Punição e Causas que Excluem a Ilicitude e a Culpa*, em "O Novo Código Penal Português e Legislação Complementar, Jornadas de Direito Criminal, CEJ, 1983, p.68, ao afirmar: *"Problema diferente é o de saber se o Código vai além disto e vincula por necessidade a qualquer concepção do que seja materialmente a culpa em direito penal. Ainda aqui me mostro afoito a responder negativamente à questão formulada."*.

[178] Não obstante a própria Comissão Revisora de 1963/64 por vezes aludir ao conceito psicológico de culpa, estabelecendo alguma dúvida quanto ao entendimento daquela, como por exemplo quando, na acta da 6ª sessão, se encontra escrito: *"(...) há o perigo de se confundir a questão da imputação objectiva, que aqui está em causa, com o problema da imputação subjectiva ou culpa"*, ao mesmo tempo que, mais adiante, na acta da 8ª sessão, se encontra escrito: *"(...) dois problemas distintos – o da imputabilidade como susceptibilidade de culpa e o da imputação como elemento do juízo de culpa, isto é, do juízo de valor sobre o agente e o seu facto."* (*Actas das Sessões da Comissão Revisora do Código Penal, Parte Geral*, Vol.I e II, AAFDL, p.109 e pp.146-147).

[179] Não sofria qualquer contestação o facto de ser o conceito psicológico de culpa aquele que vigorava no sistema jurídico português, ao abrigo do Código Penal de 1886. Com efeito, e embora tal nunca fosse taxativamente afirmado em tal diploma, desde a formulação inicial constante do Decreto de 16 de Setembro de 1886, que o art. 44.º, § 7.º, deixava explícito o entendimento da culpa enquanto o todo dos elementos subjectivos da infracção em geral, que poderia decompor-se em crimes dolosos e crimes meramente culposos, com as hipóteses de imprudência ou negligência. A negligência era ainda referida expressa e autonomamente no art. 2.º como constituindo a omissão voluntária de um dever. Assim em LUÍS OSÓRIO DA GAMA E CASTRO DE OLIVEIRA BAPTISTA, *Notas ao Código Penal Português*, 2ª ed., Vol.I, Coimbra, 1923, pp.36 ss. e pp. 199 ss., citando numerosíssima doutrina de então. Após a abrangente reforma imposta pelo Decreto-

Tanto mais que a culpa foi, em definitivo, totalmente autonomizada da negligência[180,181], a par da ilicitude, para constar como momento final de possibilidade de exclusão da responsabilidade penal[182].

Assim, poderemos efectivamente assentar na consagração de um conceito normativo de culpa[183], em termos de este se adequar perfeitamente à letra da lei substantiva vigente[184], sem, no entanto, descortinarmos ao certo que espécie de conceito normativo de culpa foi consagrado.

Com efeito, as únicas regras penais em que a culpa se torna claramente visível no Código Penal, são as regras de exclusão da culpa e as de determinação da pena[185], sendo certo que estas últimas já não pretendem

---

-Lei 39 688 de 5 de Junho de 1954, o art. 44.º passaria a ter como epígrafe "*Justificação do facto e ausência de culpa*" e a imputabilidade passaria a ser encarada como elemento da culpa, por exigência de inteligência e liberdade não reportadas ao facto. Neste sentido DUARTE FAVEIRO e SILVA ARAÚJO, *Código Penal Português Anotado*, 7ª ed., Coimbra Editora, 1971, pp.92 ss.

[180] Só o artigo 18.º do Código Penal poderia servir de argumento em contrário, se, todavia, houvesse de ser interpretado à parte das restantes normas deste diploma.

[181] Já quanto ao dolo, o mesmo não pode afirmar-se absolutamente, em face do artigo 16.º do Código Penal.

[182] Excluindo, evidentemente, a possibilidade de falta de condições objectivas de punibilidade que, apesar de tudo, devem considerar-se como regras formais de exclusão da punibilidade.

[183] Neste sentido, também o STJ, no Acórdão de 6 de Fevereiro de 1997, defende que: "*A culpa jurídico-penal traduz-se num juízo de censura*" (Proc. n.º 665/96 – 3ª Secção).

[184] Com efeito, a consagração das "causas que excluem a culpa" (capítulo III do título II do Livro I do Código Penal), como momento posterior à constatação da não exclusão da ilicitude, e perante a existência prévia de um tipo doloso, vem tornar bem claro a autonomia da culpa perante os elementos subjectivos da infracção, consubstanciados pelo dolo e pela negligência. Aliás, o regime imposto pelo artigo 16.º do Código Penal, deixa bem expresso que a culpa constitui um conceito autónomo face ao título subjectivo de acção típica. No sentido da consagração de um conceito normativo de culpa no nosso Direito Penal vigente, *vide* ainda J. FIGUEIREDO DIAS, *Pressupostos da Punição e Causas que Excluem a Ilicitude e a Culpa*, "Jornadas de Direito Criminal, O Novo Código Penal Português e Legislação Complementar", Lisboa, C.E.J., 1983, pp.39-85; J. OLIVEIRA ASCENSÃO, Direito Penal 1, Roteiro, Lisboa, AAFDL, 1995/96, pp.89-92, MARIA FERNANDA PALMA, TERESA PIZARRO BELEZA.)

[185] Indiscriminadamente, os artigos 11.º, 16.º n.º 2, 17.º, 19.º , 20.º, 29.º, 33.º, 35.º, 37.º, 40.º n.º 2, 71.º, 72.º e 75.º n.º 1 do Código Penal.

ter um alcance determinador da responsabilidade penal em si, mas apenas da sua quantificação.

As regras de exclusão da culpa que, em termos lógico-sistemáticos, hão de aplicar-se em momento dogmático posterior ao da constatação do tipo-de-ilícito, assumem assim uma importância redobrada no âmbito do sistema penal, por conterem em si praticamente as únicas referências materiais ao princípio da culpa, conforme veremos adiante.

Mesmo a inserção do novo artigo 40.° no Código Penal, fruto da revisão legislativa operada em 1995, em cujo o novo n.° 2 se aborda expressamente a questão da culpa na vertente da sua função de limitação da responsabilidade penal, não veio trazer a necessária luz que permita afinal ver com exactidão os contornos do conceito material de culpa consagrado. Tanto mais que, embora inspirado no artigo 2.° do Projecto de EDUARDO CORREIA de 1963[186] (que viria a ser afastado na versão final do Código, aprovada em 1982), não viria senão a consagrar uma ténue sombra do conteúdo material deste, em benefício da aproximação confessada ao idêntico normativo do Projecto Alternativo de Código Penal Alemão de 1962[187].

Assim, na ausência de uma definição taxativa do princípio da culpa no Direito substantivo português e perante a falta de uma regra que possa constituir a sede normativa do princípio material da culpa, mesmo no âmbito do Código Penal, pode afirmar-se definitivamente que os únicos contornos da culpa, visíveis na lei substantiva geral, parecem ser somente os contornos formais.

### III. 2. Do Conceito Material ao Conceito Formal de Culpa

Até este momento, constatámos que o conceito material de culpa parece ser uma realidade inegavelmente subjacente ao ordenamento

---

[186] Vide *Código Penal, Actas e Projecto da Comissão Revisora*, Ministério da Justiça, Rei dos Livros, 1993, pp.11 ss.

[187] Neste sentido, COMISSÃO DE ASSUNTOS CONSTITUCIONAIS, DIREITOS, LIBERDADES E GARANTIAS, *Reforma do Código Penal – Trabalhos Preparatórios*, Vol.I, Assembleia da República, Lisboa, 1995, pp.115 ss.

jurídico penal português[188], por mais difícil que pareça ser estabelecer os seus contornos.

Tanto mais que, conforme acima se demonstrou, o próprio legislador apela para um conceito autonomizado de culpa, com conteúdo próprio distinto da tipicidade e da ilicitude, desempenhando importantes funções dogmáticas ao nível da legitimação da responsabilidade penal.

Porém, em termos de estatuição normativa, o conceito de culpa aparece positivado única e verdadeiramente através das causas de exclusão da culpa constantes do Código Penal, o que, pelo contrário, confere um inegável carácter funcional[189] à noção de culpa, ao surgir formulado negativamente.

A lei consagra como que a *sombra* resultante do conceito material de culpa, recuperando apenas, e mais tarde, já em sede de determinação da medida concreta da pena[190], alguns dos seus elementos positivos.

Assim, quanto à determinação da existência ou não de responsabilidade penal, independentemente do estabelecimento do *quantum* da pena, só o conceito formal de culpa é verdadeiramente visível no Código Penal, respondendo à necessidade normativa de excluir comportamentos não censuráveis, face aos quais não seria legítima a respectiva punição.

Além disso, não é sequer visível, na letra da lei, o caminho trilhado pelo legislador, que explique a operada transformação do substracto dogmático da culpa num mero conceito esvaziado, que apenas se compreende pela soma das suas causas de exclusão.

Na verdade, quando se refere ao conceito material de culpa, como hoje o faz o n.º 2 do artigo 40.º do C.P.[191], o legislador apela para um con-

---

[188] Neste sentido, por todos, J. OLIVEIRA ASCENSÃO, *Direito Penal 1. Roteiro*, AAFDL, 1995/96, p.14.

[189] Tal funcionalização da culpa, por intermédio da consagração legislativa apenas da sua vertente negativa e formal, não significa porém a assunção definitiva das teses funcionalistas da culpa, sem prejuízo de permitir a sua defesa dogmática.

[190] Em outros locais, como por exemplo nos artigo 18.º (que, se bem que de um prisma ainda algo psicológico, assegura indirectamente o princípio da culpa subjectiva) e artigo 29.º (importante para confirmar o princípio da individualidade e intransmissibilidade da culpa), são também feitas importantes referências ao conteúdo material do princípio da culpa, se bem que ainda evidentemente insuficientes para estabelecer uma consagração material positiva da culpa.

[191] Note-se que a remissão nesta sede operada pelo legislador para o princípio da

ceito que não define, que não é inteiramente perceptível, senão pelos seus reflexos formais que ensaiam a exclusão da censura penal do agente em casos de inimputabilidade de facto, ignorância atendível da ilicitude e inexigibilidade circunstancial média.

Com efeito, após verificado o regime das respectivas causas de exclusão da culpa, apenas podemos concluir que o legislador consagrou, indirectamente, como denominadores comuns da possibilidade de existência de culpa criminal, ou condicionantes positivas da culpa, a existência cumulativa de:

a) um agente capaz de entender o alcance dos seus actos – isto é, alguém enquadrado no limite mínimo de idade, enquanto critério aferidor da capacidade geral[192], e com o domínio suficiente das suas capacidades intelectuais[193], a fim de se assegurar uma válida livre escolha pelo ilícito[194];

b) um agente consciente do alcance ilícito do seu acto – em termos de assegurar que a decisão pelo acto ilícito foi minimamente esclarecida, quanto ao aspecto da sua valoração social comum, ou pelo menos que, se assim não sucedeu, que haja sido por erro inatendível (pela censurabilidade do próprio erro)[195];

c) um agente minimamente livre, perante as circunstâncias exteriores da sua actuação – ou seja alguém que pudesse ter tomado pelo menos uma outra via de comportamento, em termos de exigibilidade humana comum de actuação lícita[196].

---

culpa, está estreita e visivelmente relacionada com as teses defendidas por CLAUS ROXIN, na medida da sua associação ao princípio da proporcionalidade.

[192] À luz do que se verifica com a capacidade de exercício do Direito Civil, no artigo 123.º do Código Civil.

[193] Neste domínio, já CAEIRO DA MATTA afirmava que "*a moderna sciencia criminal proclama os principios seguintes: (...) o exercício do direito de punir suppõe um homem normal assim definido e considerado no conjuncto do seu organismo mental e physico*" (em *Direito Criminal Português*, Vol.I, Coimbra, 1911, p.298).

[194] Assim, nos artigo 9.º (por remissão para legislação especial), artigo 19.º e artigo 20.º do Código Penal.

[195] Assim nos artigos 17.º , artigo 33.º (em parte, quando haja erro de valoração da ilicitude), e artigo 37.º do Código Penal.

[196] Assim no artigo 33.º (em parte, quando não exista erro sobre a ilicitude) e no artigo 35.º do Código Penal. Quanto ao problema da limitação da legítima defesa *vide*,

Estas condicionantes positivas da culpa constituem, no fundo, a expressão normativa do mínimo de livre arbítrio em que há-de fundar-se a censurabilidade ética penal, porém não resolve a questão do conteúdo material daquela[197].

### III. 3. Do Conceito Formal à Presunção de Culpa

Porém, uma tal consagração do conceito de culpa, formulada sob um prisma formal e exclusivamente negativo, corre o risco de implicar, na prática, a não exigência de uma efectiva culpa individual. Tanto mais que a lei penal não exige *expressamente* a constatação da culpa do agente, mas tão-somente a constatação da sua eventual exclusão[198].

Assim, a consagração da culpa como condição necessária para a responsabilidade penal, feita por via exclusiva da consagração dos casos da sua exclusão – as também denominadas causas de desculpa ou de exculpação – equivale evidentemente a consagrar uma imprópria presunção geral de culpa[199], que suporta prova em contrário, mas apenas nos casos legalmente definidos como causas da respectiva exclusão[200].

---

por todos, MARIA FERNANDA PALMA, *A Justificação por Legítima Defesa como Problema de Delimitação de Direitos*, Vol.I, Lisboa, AAFDL, 1990, pp.191 ss.. Ainda quanto à evolução no sentido do afastamento do Estado de Necessidade das causas de exclusão da culpa, pelo Código Penal de 1982, *vide* também MARIA FERNANDA PALMA, *O Estado de Necessidade Justificante no Código Penal de 1982*, apud "Estudos em Homenagem ao Prof.Doutor Eduardo Correia", Vol.III, Coimbra, BFDUC, 1984, pp.173-206.

[197] Parece evoluir a doutrina que defende ser a exigibilidade o fundamento unificador de todas as três condicionantes positivas enunciadas, por oposição à ideia de inexigibilidade como princípio geral desculpante, não apenas por uma questão de substracto lógico-significativo, mas mesmo pelas questões práticas relacionadas com a possibilidade de contornar as condicionantes da inimputabilidade (pela aplicação de medidas de segurança) e da falta de consciência da ilicitude (quando censurável). Neste sentido, EDUARDO CORREIA, *Direito Criminal*, Vol.I, Coimbra, Almedina, reimp., 1996, pp.443 ss. (§26.º). Para uma perspectiva prática, *vide* MARIA FERNANDA PALMA, *Parecer Sobre a Condenação do Arguido José Manuel Couceiro da Costa Pizarro Beleza*, Rec. Revista do Proc. n.º 363/93 da 3ª Secção da 2ª Vara Criminal de Lisboa, 1995.

[198] Embora tenhamos de entender que o exige, indirectamente.

[199] A positivação do conceito formal de culpa constante do Código Penal implica, na realidade, uma operação presuntiva de culpa do agente. Esta autêntica presunção,

Nestes termos, verifica-se que, pela natureza formal da culpa consagrada na lei, esta opera no juízo criminal de forma negativa, com a função de desqualificar comportamentos típicos e ilícitos e não de forma positiva visando qualificar comportamentos típicos e ilícitos.

Pelo que, tal como a tipicidade indicia a ilicitude[201], também o tipo-de--ilícito parece implicar, *ope legis* substantiva, efeitos automáticos similares quanto à culpa, não só indiciando a culpa, como mesmo presumindo-a[202].

No entanto, esta (de algum modo não assumida) presunção legal[203,204] de culpa, que opera por via do formalismo funcionalista da consagração legal da culpa, não deixa por este motivo de ser ilegítima[205]

---

poderá mesmo classificar-se de presunção *juris tantum*, ainda que em sentido impróprio, uma vez que decorre indubitavelmente dos contornos da própria lei. Todavia, para quem entenda que tal classificação não seja aplicável, ainda assim, terá certamente de aceitar-se que se está perante uma presunção simples ou natural, no sentido em que será um simples meio de convicção que decorre necessariamente da interpretação da lei. Neste último sentido, *vide* MANUEL CAVALEIRO DE FERREIRA, *Curso de Processo Penal*, Vol.II, Lisboa, 1955, p. 314.

[200] A taxatividade das causas de exclusão da culpa, em oposição à não taxatividade, por exemplo, das causas de exclusão da ilicitude, constitui outro valioso argumento que demonstra a existência de uma *efectiva* presunção geral de culpa, por via do Código Penal.

[201] Daí designar-se o tipo de "tipo indiciador" (da ilicitude).

[202] Com efeito, não oferece dificuldade dogmática e conceptual encontrar neste domínio uma relação presuntiva, uma vez que da tipicidade ilícita se parece extrair a culpa como ilacção.

[203] A presunção legal parece existir efectivamente neste caso, face ao teor dos artigos 349.° e 350.° do Código Civil, embora impropriamente, uma vez que a lei substantiva parece isentar a culpa de qualquer necessidade de afirmação positiva, estatuindo apenas a possibilidade de aquela ser contrariada por via das causas de exclusão.

[204] Ainda que não se reconheça a consagração de uma verdadeira presunção legal, neste caso (ao que, todavia, não deverá obstar o simples facto de a lei não o reconhecer taxativamente, mas apenas o determinar expressamente, por uma via indirecta), há-de certamente reconhecer-se a existência do quadro legal de uma presunção judiciária. Quanto a esta última categoria da presunção judiciária, *vide*, por todos, JEAN LARGUIER, *Procédure Pénale*, 4ª ed., Paris, Dalloz, 1994, pp.171 ss.

[205] Ainda que, apesar de tudo, se reconheça que a lei consagra uma imprópria presunção de culpa, há-de reconhecer-se que não consagra de todo uma ficção da mesma, o que, ainda assim, de certa forma salvaguarda o mínimo dos direitos de defesa do arguido.

em face do conteúdo material (ético) do juízo de culpa e em face da presunção de inocência constitucionalmente consagrada.

Aliás, o raciocínio exposto a certo ponto por J. FIGUEIREDO DIAS é bastante expressivo quanto à lógica formalista imposta pelo Codigo Penal, que trará como consequência uma não assumida presunção de culpa, senão vejamos:

"(...) *tanto nos factos dolosos como nos negligentes, a culpa, como quer que em concreto se conceba, não é algo que se presuma mas é, em todo o caso, algo que em regra, ou prima-facie, se liga ao carácter ilícito-típico do facto respectivo. Daqui decorre que, no plano da aplicação prática do direito penal, perguntar pela culpa do agente relativamente a um facto já qualificado como ilícito-típico e cujo carácter doloso ou negligente em princípio se determinou também, é no fundo perguntar se a culpa se encontra ou não em concreto excluída, isto é, se no caso se verifica alguma causa de exclusão da culpa.*"[206].

Esta abordagem da culpa, como culpa presumida em termos práticos, ainda designada como "*uma velha verdade*"[207] por J. FIGUEIREDO DIAS, está todavia totalmente assumida e vulgarizada pela prática judicial, parecendo haver assumido contornos de único entendimento possível em face da lei penal vigente.

Isto é, perante um comportamento típico e ilícito, objectiva e subjectivamente, o agente será culpado, a menos que beneficie de uma causa de exclusão da culpa.

Ora, parece inegável que de certa forma assim se subverte o próprio conceito material de Culpa que se pretendeu ver consagrado na lei, como vimos *supra*, porquanto este deverá ser elemento integrante do conceito de crime e não apenas reduzido, de modo periférico, a um residual conceito resultante da soma das causas da sua própria exclusão.

---

[206] *Pressupostos da Punição e Causas que Excluem a Ilicitude e a Culpa*, em "O Novo Código Penal Português e Legislação Complementar, Jornadas de Direito Criminal, CEJ, 1983, p.69.
[207] *Idem*.

*Longe das verdadeiras presunções de Culpa do Direito Civil*[208] *e das suas legítimas finalidades jurídicas*[209,210], *a presunção imprópria da culpa penal é inaceitável no quadro das garantias definidas.*

Com efeito, por tudo quanto expusemos anteriormente acerca da função da culpa no juízo de responsabilidade penal, não pode o jurista conformar-se com uma estrutura legislativa em que a culpa deixe implicitamente de ser objecto de prova, passando as causas de exclusão da culpa a ser os eventuais objectos de prova.

Não. Tal entendimento seria contrário a todos os princípios da prova do crime em processo penal, nomeadamente face ao princípio da presunção de inocência, tanto mais que a culpa constitui a última sindicância material da teoria geral da infracção, a averiguar perante cada caso concreto.

---

[208] Atentos às características da dogmática civilista, nomeadamente quanto ao conceito de Culpa – valoração exclusivamente patrimonial, função é imputação de danos, equilíbrio contratual, equivalência e equidade patrimonial), consagradas ainda assim excepcionalmente e com intuito de onerar uma das partes, bem como de facilitar a prova (v.g. artigo 493.º e artigo 799.º do Código Civil

[209] ANTUNES VARELA (quanto às presunções de Culpa no Direito Civil): *"Esta presunção (de culpa) baseia-se em várias considerações, a saber: a) num dado de experiência (...) b) Na necessidade de acautelar o direitode indemnização (...) c) Na própria conveniência de estimular o cumprimento dos deveres(...)"*, em *Das Obrigações em Geral*, Vol.I, Coimbra, 1989, pp.561.

[210] ALBERTO DE SÁ E MELLO (quanto às presunções de Culpa no Direito Civil): *"O que ocorre estabelecido nos arts. 799.º n.º 1, 491.º e 493.º é apenas a presunção de imputabilidade – decorrente de uma particular exigibilidade de conhecimento do dever especialmente resultante do vínculo debitório ou do encargo previamente assumido de vigilância – e não uma verdadeira presunção de culpa"*, em *Responsabilidade Civil – Critérios de Apreciação da Culpa*, Relatório de Mestrado 1986/87, pp.30.

NEGLIGÊNCIA NO DIREITO PENAL

## I. Fundamento Material e Regime Legal

I. 1. Crime Negligente como Crime de Resultado

Vimos até aqui que, tal como para a punição pelo facto doloso em sede Penal, também para a punição pelo facto negligente é necessária a verificação de um juízo de censura ética final (culpa), a recair sobre o facto típico e ilícito. Assim e de acordo com a sistematização das normas penais vigentes, na actualidade, há de averiguar-se a culpa do agente em momento posterior ao da verificação do preenchimento do tipo. Este momento lógico da averiguação da culpa do agente decorre da configuração específica da culpa no Direito Penal, justificando-se mais ainda neste ramo do Direito onde (ao contrário do que se verifica no Direito Civil) a negligência evoluiu de uma mera forma de culpa (simples nexo subjectivo para a imputação de danos) para um título subjectivo de imputação situado no tipo de ilícito, autonomizando-se assim em verdadeiros tipos especiais.

Ocupemo-nos, então, dos demais elementos dogmáticos do crime negligente que estarão a montante da Culpa, ou seja no tipo-de-ilícito, começando por recordar que *enquanto ao facto doloso pertencem a consciência e a vontade acerca dos elementos do tipo objectivo, para a negligência a realização não querida do tipo legal é caracterizada pela desatenção, contrária ao dever, sobre o cuidado exigido (...)*[211].

Existe uma diferente intensidade da reacção legal ao crime negligente, porque no fundamento material do tipo-de-ilícito reside a conside-

---

[211] JOHANNES WESSELS, *Direito Penal, Parte Geral (Aspectos Fundamentais)*, Trad. Porto Alegre, 1976, pp.146.

ração de que o *desvalor da acção* no crime negligente é ínfimo ou muito menos acentuado, face ao desvalor da acção no crime doloso.

Distinguem-se os *crimes de resultado* dos designados *crimes de mera actividade*, consoante o legislador tenha imposto a necessidade de verificação de um resultado objectivo e imputável ao agente ou não, respectivamente. Na segunda destas categorias (pensemos num exemplo simples como o da usurpação de funções[212]), como se compreende, considerou o legislador que o *desvalor da acção* típica é suficientemente atentatório dos bens jurídicos. Na primeira daquelas categorias, pelo contrário, exige-se que além de o agente ter actuado de forma antijuríca ele tenha também causado uma modificação objectiva verificável no mundo exterior (resultado típico), considerada lesiva (ou potencialmente lesiva) do bem jurídico tutelado. Ou seja, nos crimes de resultado pune-se o agente também pelo *desvalor do resultado*.

A própria origem histórica da responsabilidade criminal negligente reside na imputação de resultados, e corresponde portanto à punição pelo *desvalor do resultado*. No crime negligente temos uma conduta que vem a culminar num resultado indesejado pelo próprio agente – um resultado que ele não conseguiu evitar. Isto, encerra uma diferença material entre o desvalor da acção no crime negligente e o desvalor da acção no crime doloso, a qual todavia já não tem reflexo no *desvalor do resultado*. Pois face à ocorrência de resultados contrários à ordem jurídica, o resultado terá a mesma intensidade negativa, quer tenha tido na sua origem um facto doloso quer negligente.

Ou seja: no binómio dos axiomas *desvalor da acção* e *desvalor do resultado*, o fundamento ético da responsabilização criminal do agente por facto negligente assenta essencialmente no segundo axioma, punindo-se o agente por ter dado causa a este com uma conduta desconforme ao Direito, mas a qual, apesar de tudo, terá de apresentar um desvalor suficiente para justificar a aplicação de uma pena.

A incriminação por crime negligente deve, portanto, corresponder à categoria dos crimes de resultado, por oposição aos de mera actividade[213].

---

[212] Artigo 358.º do Código Penal.
[213] Assim também em JOHANNES WESSELS, *Direito Penal, Parte Geral (Aspectos Fundamentais)*, Trad. Porto Alegre, 1976, pp.149: *o conteúdo de injusto do facto negligente é determinado através do seu desvalor de resultado e desvalor de conduta*.

Pois, uma mera acção negligente, desacompanhada de uma modificação objectiva verificável no mundo exterior (resultado típico), não atinge a dignidade jurídica bastante para justificar uma correspondente incriminação. De onde, *não se compreenderá nem será aceitável a punição penal de um agente apenas pela mera actividade negligente, ou seja se esta não tiver dado origem a – ou sido a causa de – um resultado típico.*

O respeito tendencial do legislador por este imperativo dogmático surge, aliás, claramente demonstrado no campo dos delitos rodoviários, onde a mera violação das regras de condução e circulação de veículos vem prevista como mera contra-ordenação, pertencendo por isso à esfera de protecção do Direito de Mera Ordenação Social. Ao passo que, existindo um resultado – como a criação de um perigo para a vida ou a integridade física de outrém ou para bens patrimoniais alheios de valor elevado – aquela violação das regras de condução e circulação de veículos passa a ser punível com pena, já no seio da esfera de protecção Penal[214]. Isto, naturalmente salvaguardando a possibilidade da punição do agente por crime mais grave, consoante a gravidade do resultado típico verificado e eventual concurso de crimes ou de meras normas.

Ora, dado que o Crime Negligente corresponde a um crime de resultado, a responsabilidade penal por facto negligente está, portanto, íntima e indissociavelmente ligada à *causalidade*. Resultado típico e causalidade serão deste modo os dois elementos típicos preponderantes que haverão de funcionar como requisitos objectivos da imputação de qualquer tipo negligente. Os quais, naturalmente, haverão de assumir ainda contornos específicos para cada incriminação concreta, consoante o que o legislador defina no tipo de ilícito individualizado.

Pela sua relevância crucial, trataremos em detalhe da causalidade e do resultado típico, uma vez apresentados os pressupostos gerais da incriminação negligente.

Assim como a causa de um resultado típico pode residir quer numa acção quer na omissão de uma acção devida por parte do agente e, por outro lado, a violação do dever de cuidado pode consistir quer numa acção contrária à devida quer na omissão da acção devida, naturalmente, o crime negligente pode ser cometido por *acção* ou por *omissão*. Aliás, nos termos

---

[214] *Vide* artigo 291.º n.º 3 do Código Penal.

gerais da lei penal[215]. Neste aspecto, todavia, existem importantes especialidades.
A primeira das especialidades é imposta pelo n.º 2 do artigo 10.º do Código Penal. Com efeito, nos termos deste preceito da lei:

- ainda que o agente tenha sido negligente no seu modo de actuar e assim haja causado um determinado resultado típico, sendo essa negligência manifestada em algo que não fez e deveria ter feito (omissão), ele só poderá ser punido criminalmente se sobre ele recair um dever jurídico específico que *pessoalmente já o obrigasse a evitar* aquele resultado.

Aqui uma importante especialidade que deverá ser entendida em consonância com os pressupostos do facto negligente que veremos adiante, nomeadamente quando abordarmos o dever de cuidado. E a especialidade consiste precisamente na exigência de que, (1) não só o agente tenha de violar deveres de cuidado tal como é exigido para toda e qualquer responsabilidade negligente, mas também que, para lhe ser imputável um resultado típico em virtude de uma conduta omissiva, (2) o mesmo agente estivesse pessoalmente obrigado a evitar tal resultado. Ou seja, terá de violar *um dever de cuidado específico*, designadamente um que directa e pessoalmente relacionasse o agente com o resultado típico.

De resto, a segunda das especialidades em sede de crime negligente (de resultado) cometido por omissão consiste na atenuação especial da pena a que o agente terá direito. Atenuação especial essa que, como sabemos, impõe a redução dos limites máximos da pena[216], ou seja opera diminuindo a moldura penal abstracta definida no tipo-de-ilícito negligente. Ora, este regime não é isento de significado jurídico material, naturalmente. Pelo contrário ele é bem significativo da natureza muito diminuta do *desvalor da acção* nos crimes negligentes, a qual se torna evidente quando se pretenda punir o agente por um mero comportamento de *non facere*.

---

[215] Artigo 10.º do Código Penal.
[216] *Vide* o artigo 73.º do Código Penal.

I. 2. Pressupostos e Requisitos do Tipo Negligente

A demonstração de que existem pressupostos próprios (exclusivos) do crime negligente dá-se pela constatação de que, concluindo-se pela ausência do dolo, quanto a um determinado tipo de ilícito, *não se pode sem mais concluir pela verificação da negligência*. Pelo contrário, o Direito vigente impõe que se percorra um longo percurso até à subsunção da conduta do agente ao tipo negligente. Designadamente, para qualquer espécie de crime negligente, exigem-se os seguintes *três pressupostos*:

a) A *existência de deveres de cuidado*, ao cumprimento dos quais esteja o agente individualmente obrigado (dado normativo);
b) A *desatenção ou quebra dos mesmos deveres de cuidado* (dado objectivo), reportada ao caso concreto e com reflexo determinante na causa do resultado típico;
c) A *exigibilidade do cumprimento dos deveres de cuidado*, reportada às circunstâncias do caso concreto e segundo a medida do poder individual do agente (exigibilidade individual concreta).

São pressupostos extremamente rigorosos e complexos e que, por isso mesmo, exigem diferentes operações de indagação na êxagese ao tipo-de-ilícito negligente. Na própria subsunção ao tipo penal influirão sempre, portanto, *juízos de direito* e *juízo de facto* relativos a diversas circunstâncias (objectivas, subjectivas e até normativas) em torno do facto típico, em torno do sujeito agente e mesmo em torno do objecto da sua acção.

Quanto à existência de deveres de cuidado (primeiro pressuposto), assistiu-se já a um longo percurso evolutivo da dogmática penal. A doutrina tradicional acolhia a relevância daqueles deveres que resultassem apenas de três fontes normativas: a lei, o contrato, ou uma situação de ingerência. Hoje, a doutrina dominante[217] prefere a formulação de situações onde o agente assuma uma *posição de garante*, ou seja, quando sobre ele impende um dever jurídico de evitar resultados danosos. Seja

---

[217] Para maior desenvolvimento, *vide* GÜNTER STRATENWERTH, *Derecho Penal, Parte General I, El Hecho Punible*, trad. castelhano, Edersa, 1976, pp.293 a 303

quando ao agente incumbam deveres especiais de protecção do bem jurídico (casos de relações jurídicas de solidariedade natural, de comunidades de perigo que incluam a garantia de ajuda recíproca, ou deveres pactícios de assistência), seja quando ele tem a responsabilidade pela fonte de perigo sobre o bem jurídico (casos onde exista um dever de vigilância ou dever de fiscalização de terceiros, ou quando a acção típica tenha sido precedida de um ingerência ilícita cometida pelo agente).

Mas tal percurso analítico vai para além da identificação das fontes dos deveres de cuidado. A indagação quanto à existência de deveres de cuidado carece não apenas do enquadramento da situação jurídica do agente no sistema jurídico (apuramento da posição de garante), mas também da averiguação da *espécie* dos deveres de cuidado em concreto e da aferição da sua *medida*. Quanto à espécie, nomeadamente, uma relação pactícia (como a prestação de serviços) acompanhada de diferentes deveres impostos por lei poderá importar uma posição de garante reforçada, por via da qual resulte afinal uma maior exigência quanto à observação dos deveres de cuidado. Quanto à medida, por outro exemplo, haverá importantes distinções a realizar no caso, por exemplo, de um médico habitualmente assistente de um seu paciente (e por isso conhecedor da sua história clínica, exames recentes, medicação habitual, etc.) em face de um médico que nunca assistiu um dado paciente antes. Nesta matéria deverá o julgador realizar a investigação necessária a cada caso, à falta de critério legais de maior segurança jurídica e certeza interpretativa, onde o critério do prudente pai de família não deverá ser mais do que uma via residual de solução, de última *ratio*.

Quanto à violação daqueles deveres de cuidado (segundo pressuposto), ela apenas poderá ser geradora de responsabilização na medida da sua relevância determinante na causa do resultado típico. Isto é, a quebra dos mesmos deveres de cuidado só poderá ser penalmente relevante[218] quando reportada ao caso concreto e se tiver assumido reflexo positivo na causa do resultado. Aqui um das mais importantes especialidades da dogmática do crime negligente. Pois a imputação objectiva do resultado ao agente – determinadora de responsabilidade criminal – só pode dar-se se ante uma violação de deveres de cuidado determinados.

---

[218] Questão naturalmente diversa será a da relevância disciplinar da quebra de deveres de cuidado, nos casos em que seja consignada.

A consequência deste segundo pressuposto é a de que será para o Direito Penal absolutamente irrelevante a violação de deveres de cuidado que não tenha sido determinante do resultado típico. O mesmo pressuposto não parece encontrar-se expressamente consignado no já mencionado artigo 15.º do Código Penal, sediando-se pois na problemática da causalidade, inerente a todos os crimes de resultado. Razão pela qual recuperaremos adiante este assunto. Porém, desde já poderemos adiantar que será neste segundo pressuposto da responsabilidade penal por negligência que surgem os primeiros *aspectos especiais da causalidade* nos crimes negligentes. Porquanto, em cada caso concreto impor-se-á analisar duas questões diferentes:

- A 1ª questão será a da relevância da actuação do agente na produção do resultado, ou seja o nexo de causalidade, tal como exigido para os crimes dolosos de resultado;
- A 2ª questão – específica para os crimes negligentes – deverá ser a da influência decisiva da violação dos deveres de cuidado por parte do agente naquele nexo de causalidade.

O pressuposto de que tratamos insere-se no fundamento da responsabilização por crime negligente, onde se soma ao (diminuto) *desvalor da acção* um dado *desvalor do resultado*. Ora, a actuação de um agente pode ter causado um determinado resultado antijurídico, mas sem que o cumprimento dos deveres de cuidado o pudesse ter evitado. E, neste caso, embora possa estabelecer-se o nexo de causalidade entre a conduta do agente e o resultado típico, certamente não pode haver responsabilidade por negligência, pois, apesar da actuação do agente ter sido desconforme ao Direito, essa desconformidade terá sido irrelevante, quer em termos de facto quer em termos jurídicos.

Por outras palavras: a punição penal do agente tem fundamento no facto de a sua imprudência ter originado um resultado anti-jurídico. Portanto, pune-se o agente por ter dado causa a um determinado resultado típico, mas também porque o agente não foi capaz de o evitar. Ora, assim se compreende porque aquela 2ª questão ganha toda a sua relevância nas *situações de resultado inevitável*. Quando se demonstre que o resultado viria a ocorrer mesmo que o agente não houvesse intervindo ou quando houvesse intervindo de modo diferente, não fará sentido responsabilizá-lo pelo *desvalor do resultado*. Isto, porque o resultado típico – que será sempre aquilo que o ordenamento jurídico-penal em última análise pretenderia evitar – será algo que o agente jamais poderia evitar. Não será, por isso, legítimo responsabilizar penalmente o agente por não ter conseguido um feito impossível.

Não pode ser imputada a responsabilidade ao agente por um resultado que ele não poderia evitar. Isto, não apenas quando (1) nada que o agente pudesse ter feito evitaria o resultado, mas também quando (2) o cumprimento dos deveres de cuidado não evitaria, por si só, o resultado[219].

Portanto, na operação de êxagese ao tipo negligente, deve o intérprete-aplicador perguntar se o cumprimento dos deveres de cuidado bastaria para evitar o resultado típico ou, pelo menos, se seria adequado a evitá-lo.

Finalmente, quanto à exigibilidade do cumprimento dos deveres de cuidado (terceiro pressuposto), esta funcionará também como *condição subjectiva sine qua non* da responsabilidade por negligência, pois só poderá concluir-se pela existência de um acto negligente perante a consideração das capacidades pessoais do agente. Ou seja, à actuação imprudente e violadora de deveres de cuidado terá de somar-se a conclusão de que o agente dispunha de uma capacidade individual e concreta – situada nas circunstâncias do caso – que lhe teria permitido evitar o resultado típico ou indesejado pela ordem jurídica. Como dissemos acima, a exigibilidade do cumprimento dos deveres de cuidado terá de ser reportada às circunstâncias do caso concreto e segundo a medida do poder individual do agente.

Tal *exigibilidade individual concreta* corresponde a um juízo hipotético acerca do que o agente seria capaz de fazer, e não fez. O que é sensivelmente diferente do que perguntar o que seria possível fazer, e não foi feito. Portanto, ao invés da utilização de conceitos gerais e abstractos – como v.g. o padrão do homem prudente e consciencioso, ou o *bonus pater familias* do Direito Civil – na aferição deste terceiro pressuposto da

---

[219] *A jurisprudência e a doutrina jurídica estão conformes em que um autor, que tenha lesado o seu dever de cuidado e causado a morte de outrém, não deva ser punido por homicídio negligente, se a probabilidade com metas à certeza determinar que o resultado também se verificaria em caso de uma conduta adequada ao dever juridicamente previsto, que fosse enfim inevitável.* Referindo-se ao sistema germânico, JOHANNES WESSELS, Direito Penal, Parte Geral (Aspectos Fundamentais), Trad. Porto Alegre, 1976, pp.152.

negligência, o intérprete-aplicador é obrigado a considerar sempre as condições especiais do agente, como a idade, o estado físico, entre outros[220], bem como as limitações de tempo, espaço, condições técnicas e meios disponíveis, bem como outros factores exógenos ao indivíduo que pudessem interferir na sua capacidade de evitar o resultado.

A esta exigibilidade não parece, pois, estranha a ideia da censurabilidade, a qual será pois a consequência daquela. Só sendo exigível ao agente o comportamento diligente é que a actuação do mesmo poderá ser censurável. Daqui se compreende a afirmação de que o tipo-de-ilícito negligente corresponde materialmente a um tipo-de-culpa, onde o fundamento do próprio tipo penal assenta já por si em juízos materiais de censurabilidade. Existe, de resto, uma vizinhança clara entre a aferição daquela *exigibilidade individual concreta*, situada dentro da Tipicidade, e as condicionantes positivas gerais da categoria autónoma da Culpa – ou sejam: *a)* um agente capaz de entender o alcance dos seus actos; *b)* um agente consciente do alcance ilícito do seu acto; *c)* um agente minimamente livre, perante as circunstâncias exteriores da sua actuação. A aferição da exigibilidade individual concreta, situada dentro da Tipicidade, parece ser um prolongamento da mesma ideia de capacidade que subjaz à Culpa, até porque quando não se verifique tal exigibilidade, materialmente a actuação do agente pode considerar-se também como desculpável. Portanto, o requisito da exigibilidade parece, na verdade, indissociável da própria ideia de censurabilidade. Mais uma vez confirmando a ligação umbilical que permanece afinal entre a Culpa e o Tipo Negligente.

Apresentados os pressupostos do Tipo Negligente, passemos a referir os seus *requisitos*, a saber:

*a)* a causalidade;
*b)* o resultado típico;
*c)* os resultantes da espécie (ou categoria legal) da negligência, nomeadamente constantes das duas alíneas do artigo 15.º do Código Penal;
*d)* e os demais elementos objectivos (ou externos ao agente) que sejam consagrados em cada tipo de ilícito individualizado.

---

[220] Tal como formula GÜNTER STRATENWERTH, Derecho Penal, Parte General I, El Hecho Punible, trad. castelhano, Edersa, 1976, pág.339.

Os *requisitos* terão, assim, de ser analisados caso a caso consoante o tipo-de-ilícito em que nos situemos, à excepção da Causalidade e do Resultado típicos, susceptíveis de serem referidos em geral, bem como os das categorias legais da negligência.

I. 3. Causalidade e Resultado Típico

A verificação da tipicidade objectiva nos crimes de resultado integra necessariamente a verificação de um resultado e a sua imputação ao agente por via de um nexo causal, sem os quais não existirá conduta ilícita.

O resultado típico corresponde a, pelo menos, uma modificação produzida no *mundo dos bens jurídicos*, podendo traduzir-se quer num dano, quer apenas num determinado perigo de lesão. Porém, a exigência de um resultado terá de derivar do próprio tipo penal. Isto é, o tipo-de-ilícito deverá conter, como elemento objectivo, a previsão normativa de uma ocorrência exterior ao agente causada pela conduta do agente.

Existem diversas espécies de resultado típico, de acordo com a intensidade da afectação do objecto da acção, por parte do agente. Por isso os crimes de resultado podem classificar-se entre os crimes de *dano* e os crimes de *perigo*.

Nos crimes de dano, o tipo exige, como resultado, a verificação de uma *lesão concreta* do objecto da acção, reflectindo-se também numa lesão *concreta* do respectivo bem jurídico protegido. Por exemplo a lesão da própria vida no homicídio, a lesão da integridade física nas ofensas corporais, a lesão patrimonial em certos crimes contra o património.

Nos crimes de perigo, o tipo exige, como resultado, a verificação de um anormal estado antijurídico – ou a criação de um risco sobre o bem jurídico tutelado – *onde a produção de um dano aparece como provável segundo as concretas circunstâncias existentes e a possibilidade do mesmo surge como óbvia*[221].

Podem distinguir-se, nos crimes de perigo, aqueles que serão crimes de *perigo concreto* daqueles que serão crimes de *perigo abstracto*,

---

[221] A formulação usada é a de HANS-HEINRICH JESCHECK, *Tratado de Derecho Penal Parte General*, Trad. Castelhano, Granada, 1993, pp.238.

consoante o legislador, respectivamente, descreva uma espécie determinada de perigo como o resultado típico – como por exemplo o perigo para a vida no crime de exposição ou abandono[222], ou o perigo para a vida, para a integridade física ou para bens patrimoniais no crime de incêndio[223] – ou apenas exija uma idoneidade para a produção de uma lesão efectiva – como o carácter ofensivo da honra nos crimes de difamação e de injúrias[224].

Ora, como já dissemos, nos crimes de resultado o estabelecimento de um nexo de causalidade terá como efeito a imputação a um dado agente da responsabilidade pelo resultado típico. Por isso também o nexo de causalidade se trata de um verdadeiro requisito objectivo.

Para tanto, terá de se demonstrar que a conduta do agente deu origem à lesão (dano) ou perigo de lesão (perigo) do bem jurídico. Esta formulação simples encerra, todavia, uma problemática extremamente complexa relativamente ao todo que é o processo causal, onde muitos actos e factos podem somar-se a montante do resultado e tendo todos contribuído para a produção do mesmo. Daí a evolução das várias Teorias da Causalidade na construção dogmática penalista, já familiares ao jurista.

Como sabemos, a Teoria da Condição afirmava a existência do nexo causal perante uma circunstância (ou condição) que houvesse tornado o resultado possível ou mesmo que houvesse acelerado a sua ocorrência. Da Teoria da Condição, segundo a qual seriam equivalentes entre si todas as condições que tivessem concorrido para produção do resultado, emanou ainda a Teoria da *conditio sine qua non*, que postulava como causa qualquer condição sem a qual não se teria verificado o resultado. O que consensualmente se veio a considerar igualmente insatisfatório, dado que *"a promoção de cada condição ao estatuto de causa (...) torna o inteiro processo causal numa coisa monstruosa: a causa enfileira na causa e nenhuma conquista para si o resultado"*[225].

---

[222] Artigo 138.º do Código Penal, embora não possa ser cometido por negligência.
[223] Artigo 272.º do Código Penal, o qual prevê cometimento por negligência.
[224] Artigos 180.º e 181.º do Código Penal, embora não possam ser cometidos por negligência.
[225] A expressão é de KARL BINDING (1914), traduzida do original e citada por PAULO DE SOUSA MENDES em *O Torto Intrinsecamente Culposo como Condição Necessária da Imputação da Pena*, Coimbra, 2007, pp.328

Da Teoria da Condição *sine qua non* veio a evoluir-se para a Teoria da Adequação, a que postula que só pode considerar-se como causa a condição (ou o facto) adequada a produzir um dado resultado. Assim, ao nexo mecanicista que se estabeleça entre a actuação do agente e o resultado terá de somar-se um juízo de adequação. E, a tal juízo de adequação entre a causa e o resultado devem portanto agregar-se todas as circunstâncias conhecidas ou reconhecíveis, no momento e no lugar do facto, *que pudessem ser previstas por um homem criterioso situado no papel do autor*[226]. Só poderá imputar-se o resultado ao agente se a sua conduta se demonstrar como adequada – por si só – a causá-lo, de acordo com as regras da experiência humana, o que terá de ser, na prática, comprovável por meio de prognose posterior objectiva – o juízo de prognose póstuma referido na doutrina portuguesa. Isto é, averiguar-se posteriormente ao crime, se qualquer pessoa na posição do agente poderia prever a produção daquele resultado concreto.

Outras formulações, como a Teoria da Relevância – segundo a qual o nexo de causalidade só poderá estabelecer-se de acordo com a finalidade da norma, caso se enquadre na esfera de protecção da norma – não têm ainda demonstrado na nossa doutrina o devido acolhimento.

Portanto, a causalidade está adstrita à *previsibilidade comum da ocorrência do resultado*, sem a qual não poderá estabelecer-se um nexo entre a causa adequada e o efeito.

Ora, voltando a situar-nos exclusivamente na matéria do Crime Negligente, verifica-se que da junção da causalidade adequada com a questão acima referida acerca de um dos pressupostos da negligência – a violação do dever de cuidado, ou *lesão do dever objectivo de cuidado*[227], que terá de assumir influência decisiva na verificação do resultado – resulta que, nos crimes negligentes, para ser possível imputar o resultado ao agente, deverá ainda averiguar-se se o resultado concreto era objectivamente previsível quando o autor deixou de atender ao dever de cuidado. Só no caso afirmativo poderá estabelecer-se o nexo de causalidade.

---

[226] JOHANNES WESSELS, *Direito Penal, Parte Geral (Aspectos Fundamentais)*, Trad. Porto Alegre, 1976, pp.43.

[227] Por todos, JOHANNES WESSELS, *Direito Penal, Parte Geral (Aspectos Fundamentais)*, Trad. Porto Alegre, 1976, pp.149.

Não ficaria completa esta nossa brevíssima incursão sobre a causalidade sem a referência às noções de *domínio do processo causal* e de *interrupção do processo causal*, as quais correspondem a conceitos generalizados na doutrina para a análise dos casos concretos. Com efeito, da clássica visão, algo mecanicista, da causa como evento isolado e mais tarde ainda como uma sucessão de eventos causais isoláveis entre si, tem-se progredido consensualmente para a abordagem da causa como um processo contínuo de sucessão de eventos interdependentes: o processo causal. E assim, tem-se por sobejamente demonstrado que:

*a)* para estabelecimento de um nexo de causalidade entre a conduta do agente e um dado resultado típico, terá de se aferir do domínio desempenhado pelo mesmo agente na continuidade do processo causal, manifestado tal domínio pelo poder de, sozinho, evitar o resultado[228];

*b)* verificando-se a interrupção do processo causal, ou seja a interferência de um evento não controlado pelo agente que, independentemente da sua conduta, seja adequado à produção do resultado, não poderá este mais ser imputado ao agente (salvo, naturalmente, se o agente voltar ao domínio do processo causal de pois daquela interrupção).

Em suma, o agente deverá ter, por si só, o domínio do processo causal que conduziu ao resultado típico, negando-se a imputação objectiva quando assim não suceda, por ausência de nexo de causalidade.

Por último, justifica-se novamente o regresso à figura do crime negligente cometido *omissão* onde, como já dissemos, a lei consagrou importantes especialidades[229],[230]. O regresso a este assunto faz-se agora para

---

[228] Nos casos de comparticipação criminosa – que aliás, como já referimos, não têm cabimento nos crimes negligentes onde só poderão existir autorias paralelas – o critério do domínio do processo causal e da execução do facto são os determinantes para destinguir entre autores e participantes.

[229] Nos números 2 e 3 do artigo 10.º do Código Penal.

[230] Referimo-nos especialmente ao facto de, para o agente poder ser punido por actuação negligente omissiva, sobre ele ter de recair um dever jurídico que pessoalmente o obrigasse a evitar o resultado.

acrescentar que, como para todo e qualquer crime de resultado cometido por omissão, o estabelecimento do nexo de causalidade debate-se sempre com uma dificuldade adicional. É que a causalidade adequada será hipotética. Isto, porque ao invés do que seria analisar a influência que a conduta activa (acção) do agente assumiu na produção de um resultado típico, terá de se indagar sobre algo que não aconteceu, ou seja, simular o que o agente deveria ter feito e não fez para se chegar à conclusão se assim teria evitado a produção do resultado.

Este, sem dúvida, um factor de incerteza jurídica e judiciária, que aliás poderá também estar na origem da atenuação especial prevista no n.º 3 do artigo 10.º do Código Penal.

I. 4. Categorias da Negligência

Chegando uma vez mais ao preceito que constitui a única previsão de conteúdo dogmático geral acerca da negligência, diz-nos o artigo 15.º do Código Penal que esta pode assumir uma de duas formas *alternativas*:

   *a)* quando o agente *representar como possível a realização de um facto que preenche um tipo de crime mas actuar sem se conformar com essa realização*[231];
   *b)* ou quando o agente *não chegar sequer a representar a possibilidade de realização do facto*[232].

A estas duas formas alternativas de negligência, a doutrina faz corresponder as categorias da *negligência consciente* e da *negligência inconsciente*, respectivamente.

Na primeira destas categorias, a violação dos deveres de cuidado que o agente deveria ter observado, ocorre apesar de o mesmo agente ter presente na sua mente que poderá praticar os actos descritos no tipo-de-ilícito, ou seja que poderá dar causa a um específico resultado típico que veio a verificar-se. A *negligência consciente* situa-se, por isso, num domínio

---

[231] Previsão da alínea a) do artigo 15.º do Código Penal.
[232] Previsão da alínea b) do artigo 15.º do Código Penal.

perigosamente vizinho da figura do dolo eventual, uma vez que apenas se distingue deste pela ausência do elemento volitivo no agente, necessário para que se verifique o dolo. Isto, porque tal como se verifica no dolo eventual[233], o agente representa também como consequência possível da sua conduta o preenchimento do tipo – circunstância que corresponde ao elemento cognitivo do dolo. Assim, a diferença entre o dolo eventual e a negligência consciente reside apenas na questão do elemento volitivo, ou seja na verificação (ou não verificação) da conformação do agente com a realização dos factos a que corresponde um tipo-de-ilícito criminal. Em termos um pouco mais concretos, no caso do agente actuar com dolo eventual, ele configura a ocorrência do crime como possível e aceita que este venha a ocorrer (manifestação de vontade), ao passo que actuando o agente com negligência consciente ele igualmente configura a ocorrência do crime como possível, mas não admite que este venha a ocorrer. Obviamente que a qualificação da conduta do agente como dolosa ou negligente – no caso da categoria da negligência consciente – debate-se com inegáveis problemas de prova. Aliás, comuns a todos os elementos do tipo subjectivo. Portanto e naturalmente, encontrando-se o julgador perante um agente relativamente ao qual se tenha demonstrado que previu como possível a realização dos factos a que corresponde um tipo-de-ilícito criminal, deverá procurar a presença daquele elemento volitivo do dolo manifestada em factos praticados pelo agente, concluindo, na ausência, pela negligência consciente.

A segunda daquelas categorias de negligência será sem dúvida menos problemática no que toca à distinção face ao dolo. Isto, porque qualquer umas das categorias de dolo não prescinde do respectivo elemento cognitivo[234]. Ora, na *negligência inconsciente*, por definição, o agente não se apercebe sequer da possibilidade de estar a praticar os actos descritos no tipo-de-ilícito, ou seja de que poderá estar a dar causa a um específico resultado típico que veio a verificar-se.

Poderia aceitar-se que, ao nível da responsabilização penal do agente, no caso de o agente ter actuado em negligência consciente, a

---

[233] *Vide* o n.º 3 do artigo 14.º do Código Penal.
[234] Em qualquer uma das categorias do dolo (directo, necessário e eventual) o agente representa a realização do facto, ainda que apenas como uma possibilidade no caso do dolo eventual; *vide* o artigo 14.º do Código Penal.

actuação pudesse considerar-se mais grave, em face de uma actuação em negligência inconsciente. Esta destrinça prender-se-ia com razões de culpa (juízo de censurabilidade), uma vez que na negligência inconsciente *o agente não chegou a ter a oportunidade de se empenhar mais na observância dos deveres de cuidado uma vez que estivesse alertado* quanto à possibilidade de estar a praticar o tipo-de-ilícito, ou de vir a causar o resultado típico. Porém, a destrinça entre negligência consciente e negligência inconsciente também se pode fazer com razões de ilicitude e, neste caso, o próprio desconhecimento do perigo, ou melhor, a própria inconsciência do agente quanto a poder vir a causar um resultado pode configurar também a violação mais grave dos deveres de cuidado a cuja observância estaria sujeito. Por exemplo, quando sobre o agente recaíssem deveres que pessoalmente o obrigassem a evitar o resultado.

Portanto, a distinção de maior ou menor gravidade terá de fazer-se no caso concreto, e já no âmbito das regras de determinação da medida da pena:

a) quer em sede da aferição da *culpa* (censurabilidade) do agente[235];
b) quer em sede da aferição do *grau de ilicitude* do facto, onde se inclui a aferição do grau de violação dos deveres impostos ao agente[236];
c) quer em sede de sindicância da *intensidade da negligência*[237];
d) quer finalmente, quando se apure da *falta de preparação* (do agente) *para manter uma conduta lícita*, nitidamente apelando para questões de culpa (censurabilidade), o que poderá funcionar como atenuante da responsabilidade[238].

Persiste, afinal, a necessidade da sindicância da *intensidade da negligência*, intensidade essa que o legislador – correcta, mas inadvertidamente – distinguiu em sede das regras de determinação da medida da pena ínsitas no artigo 71.º do Código Penal.

---

[235] *Vide* o n.º 1 do artigo 71.º do Código Penal.
[236] *Vide* a alínea a) do n.º 2 do artigo 71.º do Código Penal.
[237] *Vide* a alínea b) do n.º 2 do artigo 71.º do Código Penal.
[238] *Vide* a alínea f) do n.º 2 do artigo 71.º do Código Penal.

Aqui mais uma das manifestações do vazio dogmático existente ainda no nosso ordenamento jurídico quanto à punição do crime negligente. Pois o legislador omite, verdadeiramente, a definição de graus de negligência fundada em juízos de *intensidade*. Juízos que se prendem com a intolerabilidade social da conduta do agente, manifestada na maior ou menor desconformidade com o Direito manifestada na sua conduta, a que poderia perfeitamente corresponder a classificação resultante do trabalho dos jurisprudentes romanos, que distinguia os graus de *culpa lata*, *levis* e *levissima*. Ora, em nosso entender, esta *distinção de graus de intensidade da negligência* – obviamente com correlação com os conceitos de Ilicitude e de Culpa, tal como se correlacionam todos os demais elementos da moderna Teoria Geral da Infracção – pode todavia considerar-se autonomizada por via do citado artigo 71.º do Código Penal.

Isto, porque não é líquido que, referindo-se à necessidade de sindicar a intensidade da negligência em tal preceito o legislador estivesse a referir-se *apenas* às categorias da negligência consciente e da negligência inconsciente. Em primeiro lugar, porque não são todas as situações de negligência inconsciente menos gravosas do que as de negligência consciente. E em segundo lugar, porque o mesmo legislador – sensível afinal à premência de distinção de graus de intensidade autónomos – veio a consagrar a distinção entre negligência simples e *negligência grosseira*[239], cabendo a esta última penas mais graves, em certos casos como o do tipo de homicídio[240], aliás já por nós referidos.

De onde, quando o legislador distingue entre as duas categorias da negligência consciente e da negligência inconsciente – apelando apenas à cognição do agente sobre a realização do facto – a distinção opera sobre elementos subjectivos, ou seja atinentes à razão do sujeito. Pelo contrário, quando o legislador se refere a variações na intensidade do dolo – para o que poderão contribuir os clássicos graus de *culpa lata*, *levis* e *levissima* – a distinção, a nosso ver, opera pelo contrário sobre elementos de ordem objectiva, por exemplo atinentes à intolerabilidade da violação de deveres e da lesão do bem jurídico.

---

[239] A expressão é do legislador.
[240] *Vide* o n.º 2 do artigo 137.º do Código Penal.

## I. 5. Preterintencionalidade e Acções Livres na Causa

Ao cabo deste nosso capítulo acerca do Fundamento Material e Regime Legal da Negligência, entendemos enunciar uma ressalva, no sentido de distinguir da dogmática específica do crime negligente outras situações que não colidem com esta, nem a prejudicam, embora com a mesma se possam reconhecer conexões relevantes. Referimo-nos à preterintencionalidade e à acção livre na causa.

A problemática do crime preterintencional não se situa exactamente na configuração do crime negligente. Pelo contrário, traduz as situações de crimes dolosos, no âmbito dos quais o agente poderá vir a ser punido por ter causado um resultado que vai para além do resultado típico abrangido pelo seu dolo. Referem-se, portanto, aos crimes dolosos qualificados pelo resultado, e daí a expressão *preterintencional* que significa o que está para além do dolo.

Ou seja, teremos um tipo de crime doloso – o tipo base – e complementarmente a imputação de um resultado mais grave não abrangido pelo dolo do agente. Forma encontrada pelo legislador para não deixar de atender ao resultado mais grave causado pelo agente, embora de forma não dolosa. O exemplo clássico é o consagrado no artigo 147.º do Código Penal, pelo qual o agente pode ser punido por um resultado causado negligentemente, quando o mesmo agente teve apenas dolo quanto ao tipo de ofensas à integridade física.

Por isso, a previsão legal correspondente é de âmbito geral, dirigida aos crimes dolosos, uma vez que se refere à agravação da pena, ao dispor: *Quando a pena aplicável a um facto for agravada em função da produção de um resultado, a agravação é sempre condicionada pela possibilidade de imputação desse resultado ao agente pelo menos a título de negligência*[241].

Ora, estes casos de crime preterintencional não prejudicar a sistemática do crime negligente, onde a punição pelo qual exigirá sempre a necessidade dos respectivos pressupostos e requisitos. Pelo contrário, a especialidade na Teoria Geral da Infracção resulta apenas para a punição por crime doloso (uma vez que acabará por ser imputado um resultado ao

---

[241] Artigo 18.º do Código Penal.

agente não compreendido no seu dolo), com reflexos ainda nas questões de concurso de normas.

Por outra via, a problemática da chamada Acção Livre na Causa (*actio libera in causa*) situa-se na categoria dogmática da Culpa e corresponde ao universo de casos em que o agente, antes de praticar uma acção típica e ilícita, se colocou em uma situação objectiva de inimputabilidade, e o fez livre e voluntariamente.

Este universo de casos constitui, efectivamente, um problema sistemático da Teoria Geral da Infracção, precisamente porque a incapacidade de culpa gerada pelo agente antes de cometer o acto criminoso – como em certas situações de embriaguez ou ministração de estupefacientes – levaria à exclusão da responsabilidade penal.

Entende-se que os comportamentos anteriores à acção típica (*actio praecedens*) podem ter sido contrários a deveres de cuidado, caso estes precedam de fonte legítima – tal como todas as situações acima descritas para os deveres de cuidado que se enunciaram como pressuposto da negligência, em que o agente detém uma posição de garante – onde seriam casos evidentes não conduzir sob efeito de álcool ou outros relacionados com a responsabilidade por fontes de risco.

A solução jurídica consubstanciada na punição do agente nestas situações pode dar-se por três vias:

  *a)* ou se demonstra que o agente, ao colocar-se voluntariamente em situação de incapacidade de culpa, já agia com o dolo da prática do acto criminoso e, neste caso, poderá ser afinal punido pelo crime cometido[242];

  *b)* ou o próprio legislador procede à incriminação daqueles comportamentos, por os considerar perigosos, configurando a *actio praecedens* como crime doloso em si mesmo[243];

  *c)* ou, no caso de crimes de resultado, punindo o agente por crime negligente, caso se mostrem salvaguardados todos os requisitos e pressupostos da negligência penal[244].

---

[242] Solução que não é isenta de reparos, uma vez que geralmente a *actio praecedens* não corresponde em si mesma sequer a um acto de execução do crime.

[243] Por exemplo, o artigo 295.º (Embriaguez e Intoxicação) do Código Penal.

[244] Pense-se, por exemplo, no caso de uma mãe embriagada que permite, em razão deste estado, o afogamento de um menor.

## II. Tratamento da Culpa Negligente nos Tribunais

II. 1. Casos Concretos

*Caso 1*

ELM era condutor de um autocarro de transporte de passageiros da Carris. Chegara certamente a muito custo a tal posto de motorista, com vínculo de trabalho permanente, tendo-lhe sido confiada uma das carreiras diurnas dos autocarros que circulava na cidade de Lisboa. Isto atendendo à humilde origem de imigrante das ex-colónias, de pleno direito em Portugal há já uma vintena de anos. Residia num bairro clandestino e, dada a sua condição económica, foi-lhe concedido apoio judiciário, tendo sido alietória a minha designação como seu defensor oficioso. Os serviços de apoio jurídico da empresa não dispunham de elementos com experiência penal, ao que me foi dito.

ELM vinha acusado de homicídio por negligência e ofensas à integridade física por negligência, agravadas pelo resultado. Estava aterrorizado com tal imputação, bem sabendo que, de uma feita, perderia o seu emprego e poderia vir a ser encarcerado efectivamente. Numa terra de estranhos, ele temia o pior

Fora ELM quem vinha ao volante da carreira da Carris quando, ao descrever uma curva na Alameda das Linhas de Torres, embateu com uma motorizada, causando a morte do condutor e a amputação de parte de uma perna da rapariga que vinha agarrada às costas da vítima mortal.

Em fase de Inquérito, estabelecera-se como indiciado que ELM teria passado um sinal vermelho. Lembro que a pena por homicídio negligente podia atingir até 5 anos de prisão, e a pena pela ofensa à integridade física poderia resultar em pena de prisão até 2 anos. Naturalmente que haveria a considerar o cúmulo jurídico.

Era este o nosso caso.

O julgamento foi tumultuoso. Foram convocados, como testemunhas, os passageiros da carreira da Carris que, todavia, pouco puderam esclarecer sobre as circunstâncias do acidente, sinais de luzes e demais elementos de facto. Não obstante, estas testemunhas vieram a ser hostilizadas pela assistência, composta sobretudo por familiares e vizinhos das vítimas, que queriam assistir na primeira fila à Justiça, aplicada sem vestígios de complacência.

Porém, ELM foi absolvido por se ter apurado que cumprira todos os deveres de condução rodoviária. Pelo contrário, fora a vítima mortal quem desrespeitara afinal um sinal de luz vermelha, conduzindo sem capacete de protecção e momentaneamente distraído em conversa com a infeliz rapariga a quem dera boleia.

*Caso 2*

O jovem arquitecto JL, trabalhador empenhado, recém-casado e olhando a vida com radiosa expectativa foi surpreendido com a rudeza dos factos da vida. Num dia como outro qualquer, circulava pela Avenida do Brasil, ao volante do seu modesto automóvel, quando se viu embatido por um peão, o qual veio a sucumbir debaixo das rodas um outro veículo. Passado o choque inicial, que foi ver-se na autoria de um atropelamento involuntário, identificar-se perante as autoridades policiais e assistir à remoção do cadáver, só mais tarde veio a interiorizar que tinha sido escolhido como protagonista do calvário de um processo crime.

JL foi acusado de homicídio por negligência. Enfrentava a possibilidade de uma pena efectiva de prisão. Responsabilidade que não era coberta pelo contrato de seguro automóvel, obviamente.

Quando o recebi no meu escritório pude pessoalmente constatar que era uma pessoa diferente. Entristecido, ansioso e vendo-se já a caminho de uma terrível punição. Viera informado de que nem sempre um tribunal julga de maneira serena e justa.

Afortunadamente, veio a ser possível encerrar o processo crime sem haver lugar a Audiência de Julgamento. Depois de cumpridas as diligên-

cias que requeremos em sede de Instrução, o tribunal veio a considerar o seguinte.
*Da prova produzida resulta que:*

*No dia 28.09.96, pelas 18H00, o arguido JL conduzia o seu veículo de matrícula (...), na Avenida do Brasil, sentido poente-nascente, pela semi-faixa da direita, considerando o seu sentido de marcha.*
*Em frente ao prédio com o n.º 40 C daquela artéria veio a colher com a parte lateral esquerda da viatura o peão, AMFC, que atravessava perpendicularmente a faixa de rodagem, da esquerda para a direita, atento o sentido de marcha do veículo FE.*
*O arguido JL, que ainda avistou o peão sobre o traço longitudinal contínuo que delimita os sentidos da via, ao verificar que o peão continuava a avançar com a intenção de proceder ao atravessamento da restante faixa de rodagem, desviou a marca para a sua direita; não obstante não conseguiu evitar que o peão viesse a embater na viatura.*
*Na sequência do embate o peão veio a ser projectado para o lado esquerdo da viatura e caiu no solo.*
*Atrás do veículo, com a distância de 15 metros, seguia um veículo, de marca Ford Fiesta, conduzido pelo arguido JPH, que ouve o embate vê o corpo a cair imediatamente á frente do seu veículo, não conseguindo, dada a proximidade evitar passar com o carro por cima do peão.*
*Em consequência dos embates AMFC veio a falecer devido a lesões traumáticas crâneo-encefálicas, raqui-medulares, toráxicas e esqueléticas graves, conforme conclusões do relatório de autópsia de fls. 47-49, que aqui damos por inteiramente reproduzido.*
*Após a ocorrência dos factos descritos ambos os arguidos imobilizaram os respectivos veículos e deles saíram.*
*O arguido JPH forneceu a sua identificação ao arguido JL, prontificando-se para ajudar no que fosse necessário.*
*Quando já se encontravam várias pessoas no local o arguido JPH ausentou-se por cerca de meia-hora para ir a sua casa, sita na Avenida do Brasil, tendo regressado com familiares.*
*No local onde ocorreu o atropelamento não existe passadeira de peões.*
*O local é uma recta, era de dia e o piso estava seco.*
*A matéria de facto indiciada nos autos resulta dos depoimentos das várias testemunhas ouvidas em inquérito e instrução e, ainda, do teor dos interrogatórios dos arguidos.*

*Apreciação da conduta imputada aos arguidos relativamente ao crime de homicídio por negligência.*

*Compulsada toda a prova nos autos produzida, cremos que não existem indícios suficientes que permitam chegar à conclusão da prática de crime, entendendo-se por indícios "aqueles elementos que, logicamente relacionados e conjugados, formam um conjunto persuasivo, na pessoa que os examina, sobre a existência, do factos punível, de quem foi o autor e da sua responsabilidade (em Ac. da Relação de Coimbra de 10.04.85, C.J. 1985, tomo II, pág. 81).*

*Vejamos.*

*A expressão constante hoje do artigo.º 24.º do C. da Estrada, a propósito da previsão e punição do excesso de velocidade, e que já constava do artigo 7.º do anterior C. da Estrada, não pode ser entendida no sentido de que sempre que um condutor não consegue parar a viatura que conduz e ocorre um acidente, se verifique excesso de velocidade, Não foi manifestamente este o sentido que legislador quis dar ao excesso de velocidade. Pretende-se que os condutores se assegurem da distância entre o veículo e o obstáculo visível, sem colidir com o obstáculo. Qualquer obstáculo que surge inopinadamente atravessando-se na via, altera subitamente a visibilidade "cortando" o espaço livre e visível à frente do veículo.*

*O atropelamento deu-se num local onde não existe passadeira para peões e o peão procedia ao atravessamento da rua na perpendicular.*

*Salvo o devido respeito pelo entendimento contrário, a nosso ver, não era exigível ao arguido JL que previsse que, naquelas circunstâncias, o peão, que de resto efectuava o atravessamento da faixa de rodagem em manifesto desrespeito pelas regras estradais, prosseguisse a sua marcha não obstante a aproximação de veículo.*

*Igualmente é manifesto que também não era exigível ao arguido JPH que previsse que o veículo que circulava à sua frente viesse a embater no peão projectando-o para a sua frente.*

*É assim, de concluir que nenhum dos arguidos conduzia em excesso de velocidade.*

*Ora, tendo em conta as características do local, o facto de circular pouco trânsito e do piso estar seco, sendo de dia, entendo que guardar uma distância de cerca de quinze metros do carro frente se afigura como perfeitamente razoável, pelo que, não nos parece que o arguido tenha violado o disposto deveres de cuidado.*

*Tudo indica pois, a nosso ver, que os arguidos não seguiam em excesso de velocidade, circulando em obediência às regras estradais, e que a conduta do peão foi negligente quando efectuou o atravessamento da faixa de rodagem em perpendicular e sem se certificar de que o podia fazer em segurança.*

*Não incorreram, pois, os arguidos no disposto nos arts. 24.º, n.º 1 e 18.º, n.º 1, ambos do C. da Estrada e 137.º do C. Penal.*

*Ainda assim, mesmo que existissem outros elementos nos autos que nos permitissem concluir pelo excesso de velocidade, em todo o caso, ficaria por provar que o excesso de velocidade tinha sido causa adequada e necessária à produção do evento.*

*Se é evidente que o peão sofreu lesões em consequência dos embates, não está minimamente indiciado quem provocou as lesões que lhe determinaram a morte de forma directa e necessária. É neste momento impossível determinar se a causa da morte descrita no relatório de autópsia da vítima foi resultante das lesões sofridas em consequência do atropelamento pelo arguido JL ou do atropelamento do arguido JPH, ou de ambos as condutas, e ainda em que medida cada um contribuiu para o resultado morte.*

*De tudo o exposto resulta que os factos apurados não integram a prática de qualquer ilícito criminal e/ou contraordenacional por parte dos arguidos JL e JPH, pelo que não deverão estes arguidos serem pronunciados e, consequentemente, submetidos a julgamento.*

*Pelo exposto, e tendo em atenção o disposto nos arts. 283.º, n.º 2, "a contrario", 307.º e 308.º do C. P. Penal, decido não pronunciar os arguikdos João Luís Guedes Landeira e João Pedro Freire Rodrigues Horta.*

*Notifique*
*Oportunamente arquivem-se os autos.*

## Caso 3

EL, reformado e septuagenário, ao cabo de uma vida profissional e familiar realizada, foi também acusado de homicídio por negligência, pelo atropelamento de um peão. Eis o requerimento com base no qual veio a ser aberta a Instrução, esclarecedor quanto às insuficiências de investigação que resultaram do Inquérito:

*Exmo. Senhor Juiz de Instrução*

*EL, arguido nos autos de Inquérito à margem identificados, notificado do douto despacho de Acusação Pública, de fls.88 a 89, vem, ao abrigo dos arts. 286.° e segs. do Cód. Proc. Penal, requerer a abertura da Instrução, o que faz junto de V. Exa., nos termos e com os fundamentos seguintes:*

*1.°*

*Efectivamente, o arguido foi o condutor do único veículo automóvel que, no dia 29 de Agosto de 2002 pelas 20H35 horas, interveio no trágico acidente descrito nos autos. Aliás, foi o mesmo quem, de imediato, tentou prestar socorro e chamar o socorro médico e a autoridade policial para acorrerem ao local.*

*2.°*

*Porém, o arguido foi também uma vítima das circunstâncias (sofrendo estragos materiais no seu veículo, embora de somenos importância), pelo que importa considerar que a sua conduta não é passível de responsabilidade criminal.*

*3.°*

*Com efeito, a descrição dos factos constante da douta Acusação é flagrantemente omissa e, em alguns aspectos, distorcida, ao que acresce a errada qualificação jurídica dos mesmos factos relativos à conduta do arguido, salvo o devido respeito pela posição assumida pelo Digmo. Magistrado do Ministério Público.*

*4.°*

*Na verdade, as ocorrências em torno do infeliz acidente de viação – se é que assim se pode apelidar, pois parece mais exacta a qualificação de embate de peão num automóvel em andamento – tiveram contornos bastantes diversos dos que resultam da douta Acusação Pública.*

*5.°*

*Sendo, hoje, o arguido verdadeiramente colhido de surpresa pela Acusação da prática de um crime de homicídio por negligência.*

*6.°*

*Pelo que urge a Abertura da Instrução, a fim de se poder averiguar qual foi a verdadeira actuação do arguido, a sua justificação e a ausência de responsabilidade criminal, pela sua parte.*

*Os Factos e as Circunstâncias*

7.º

*É certo que – independentemente do que carreiam os autos quanto à causa da morte da vítima, absolutamente lamentável e injustificada – o arguido tudo fez para evitar o embate.*
*Com efeito,*

8.º

*no dia 29.08.2002, pelas 20H35, o arguido conduzia o seu veículo automóvel (melhor descrito nos autos), na companhia da única testemunha ocular, Dr<sup>a</sup>. Isabel Maria Dinis da Silva (ouvida a fls.44 e 44v.º).*

9.º

*Note-se que, apesar de nascido em 05.04.1930 (pelo que o arguido tinha à data dos factos 72 anos de idade), o arguido tem uma óptima saúde e constituição física, está inteiramente apto para a condução e conduz diariamente, sempre com a muita cautela que a experiência de vida já lhe ensinou – razão pela qual lhe foi recentemente revalidada a carta de condução, em 06.04.2004 (Doc.n.º 1).*

10.º

*Ora, dizíamos, naquele fatídico final de tarde, ao passar pela estrada onde veio a verificar-se o embate, o arguido circulava numa velocidade absolutamente moderada, tendo abrandado e passado a velocidade reduzida, após a passagem do seu veículo sobre as lombas ou travessões sonoros que antecederam a primeira passadeira – vide a fotografia do local, a fls.25, cuja autenticidade foi corroborada pelo Agente da PSP ouvido a fls.74, na qual se observam (1) a primeira passadeira para peões (em primeiro plano), (2) a segunda passadeira para peões (para lá do local do embate) e (3) as lombas ou travessões sonoros mencionados (que antecedem a primeira passadeira para peões.*

11.º

*Note-se que a redução da velocidade por parte do arguido, ao passar pelas lombas ou travessões sonoros foi também referida nos depoimentos de fls.9 (arguido) e de fls.44 v.º. (única testemunha ocular).*

12.º

*Assim e porque o arguido conhece muito bem aquele troço da estrada em questão – pois por ali circula muitas vezes, uma vez que reside em quarteirão próximo e aquele é seu ponto de passagem "quase obrigatório", para chegar à zona central de Oeiras –*

13.º
*teve o arguido presente, naquele momento, como tem todo o condutor que conhece aquele troço, que existia o perigo de ser surpreendido por algum peão que estivesse a atravessar a estrada e ainda que o principal perigo seria em relação a peões que pudessem apresentar-se pela sua direita.*

14.º
*E o perigo principal deveria apresentar-se pela sua direita porque, como se observa do croquis da PSP a fls.8 e da fotografia de fls.25, no troço da rua em questão, os automóveis estão sistematicamente estacionados ao longo de ambas as bermas da estrada, perpendicularmente, e assim obstaculizando sempre a visibilidade aos condutores.*

15.º
*O que é, sem dúvida, mais perigoso quanto a peões que atravessem a estrada, vindos da direita do condutor, pois estarão escondidos pelos automóveis estacionados até subitamente aparecerem na faixa de rodagem.*

16.º
*Vejamos atentamente, no concreto:*
- *perante o quadro de circunstâncias que se apresentou ao condutor – vide fls.25 –, e circulando o automóvel na sua faixa de rodagem (que é a da direita), qual é a conduta mais cautelosa que um qualquer condutor deve adoptar?*

17.º
*Como decorre da natureza das coisas e da experiência comum, a conduta devida parece ser a de:*
- *a) abrandar a marcha;*
- *b) continuar atento à condução e a toda a via;*
- *b) prestar ligeiramente mais atenção ao lado direito, porque pode um peão surgir a todo o momento, atravessando na passadeira e vindo desse lado direito, dando um tempo de reacção ao condutor muito mais pequeno, comparado com o necessário para reagir caso o peão se apresentasse pela esquerda.*

18.º
*Ora bem, todos esses cuidados foram tomados pelo arguido – vide a descrição no depoimento de fls.44 v.º.*

19.º
*Pois o arguido abrandou a sua marcha e manteve a sua visibilidade*

*à esquerda (boa visão periférica), apesar de prestar mais atenção à sua direita – como deveria fazer.*

20.º

*Daí, discorda-se por inteiro da qualificação feita na douta Acusação, onde se lê que «O acidente verificou-se porque o arguido encontrava-se momentaneamente desatento à condução» (fls.89) – qualificação feita apressadamente, sem a ponderação devida das circunstâncias e na inexistência de qualquer indício suficiente para tal conclusão.*

21.º

*Bem pelo contrário, tudo indica que o acidente se verificou exclusivamente por incúria da pobre vítima...*
*Senão vejamos.*

22.º

*A vítima nasceu em 1920 (pelo que contava 81 ou 82 anos) – vide as comunicações de fls.2 e segs.*

23.º

*A vítima vinha alcoolizada, embora não «muito embriagada» – vide o Relatório da Autópsia, onde, a fls.61 sob o n.º 3 se lê: «a análise do sangue do cadáver revelou a presença de álcool» e se refere o correspondente a uma taxa de 1,6 g por litro de sangue.*

24.º

*Ao atravessar a estrada, a vítima podia ter optado por fazê-lo por uma passadeira a escassos metros da sua direita ou por uma passadeira a escassos metros da sua esquerda – vide a fotografia do local, a fls.25.*

25.º

*A vítima optou por atravessar a via entre as passadeiras, a 9,40 metros da mais próxima – vide fls.8.*

26.º

*Acresce, que o veículo conduzido pelo arguido era totalmente visível para a vítima, não apenas pelas circunstâncias evidentes, mas também porque o arguido conduzia o seu automóvel com as luzes médias acesas desde o início da sua marcha!*

27.º

*Pelo contrário – o que se omite na douta Acusação – ao longo de dois ou mais metros da via que terá atravessado a vítima, pelo lado esquerdo, ela era totalmente invisível para o arguido, porque esteve ocultada pelos carros estacionados perpendicularmente à esquerda.*

28.º
Assim, só pela incúria da própria vítima – atravessando subitamente, no meio da estrada, entre as passadeiras, alcoolizado, e sem prestar a mínima atenção ao automóvel que tinha à frente dos seus olhos – se explica o embate que se registou.

29.º
E, o que assume a maior relevância para o caso, contrariando o que se afirmou na douta Acusação:
A vítima é que embateu de frente com o veículo do arguido e não o contrário.

30.º
Tanto assim que a frente do veículo não sofreu quaisquer danos – vide a fotografia nítida de fls.30 –

31.º
E, pelo contrário, a amolgadela e danos no retrovisor esquerdo do veículo demonstram que o embate se deu na esquerda do veículo, ou seja, no sentido da marcha do peão – vide fls.31.

32.º
Logo, em termos físicos, foi por força vectorial da marcha do peão que o embate veio a ocorrer.

33.º
Ora, foi nestas condições e por estas razões que veio a dar-se o embate.

34.º
Circunstâncias de onde decorre a notória incúria da vítima, por um lado,

35.º
e a ausência da violação de deveres de cuidado, por parte do arguido, o qual não poderia ter evitado o embate.

36.º
Portanto, o arguido não é o criminoso que a Acusação descreve, tendo sido também ele próprio uma vítima das circunstâncias e do comportamento do peão.

37.º
De resto, como se referiu, mesmo ao nível da mera descrição de factos, é notório que a douta Acusação peca por flagrantes omissões e distorções, pois o arguido tudo fez, no que estava ao seu alcance, para evitar lesar a integridade física de terceiros.

38.º
Além disso, a matéria de facto que acima vai descrita reveste-se da maior importância para a situação circunstancial dos factos que constam da douta Acusação, nomeadamente para a apreciação da ausência de censurabilidade ética da conduta do arguido.

39.º
Cabendo ao arguido todo o Direito ao rigoroso apuramento dos factos ocorridos, por via da presente Instrução, a fim de virem a ser devidamente apreciados em sede de Julgamento, se a tal houver lugar.

40.º
Sendo certo e absolutamente seguro que é a presente Instrução a sede própria na qual pode o arguido, na prática, assegurar a colaboração dos agentes de investigação criminal, em benefício da descoberta da verdade dos factos.

*O Direito: inexistência de responsabilidade criminal*

41.º
Tudo considerado e contrariamente à posição assumida pelo Digmo. Magistrado do Ministério Público na douta Acusação, entende o arguido que o seu comportamento não merece a censura penal, por não se preencherem os pressupostos e os requisitos da punição por crime negligente.

42.º
Em primeiro lugar, como dissemos acima e ficou detalhadamente descrito, o arguido tomou todas as precauções exigíveis e não violou qualquer regra de condução ou de segurança (artigo 15.º C.P.).

43.º
Em segundo lugar, como se justificou acima, no caso concreto o arguido não seria capaz de evitar o embate, a menos que "adivinhasse" que um peão iria repentinamente atravessar no meio das duas passadeiras, sem olhar em frente e sem parar perante um automóvel em marcha (!) (artigo 15.º C.P.)

44.º
Em terceiro lugar, porque a causa do embate da vítima no lado esquerdo do automóvel do arguido, foi o comportamento do peão e não o do condutor (artigo 137.º C.P.; nexo de causalidade).

*Da Instrução*

45.º

*Como acima foi explicitado, a matéria de facto descrita na douta Acusação é omissa e distorcida, sob vários aspectos.*

46.º

*Aliás, na douta Acusação qualifica-se a condução do arguido como «momentaneamente desatenta», o que não corresponde à verdade, como se demonstrará.*

47.º

*E omitem-se por completo todos os aspectos relativos à negligência da vítima, a qual causou verdadeiramente a sua própria morte.*

48.º

*De onde, o presente requerimento de Instrução visa possibilitar ao arguido a reapreciação da matéria de facto e a prova da demais matéria de facto que descreveu supra e que, só por si, é susceptível de retirar toda e qualquer responsabilidade criminal à sua conduta.*

49.º

*Com efeito, existem e estão ao dispor do Tribunal meios de prova suficientes para demonstrar e provar a inocência plena do arguido, quanto à douta Acusação.*

50.º

*Pelo que urge realizar a competente investigação, nomeadamente pelos meios que adiante se requerem,*

51.º

*sem prejuízo, como decorre do n.º 4 do artigo 288.º do C.P.P., de todas as demais diligências de investigação que V.Exa. doutamente decida levar a cabo em benefício do apuramento da VERDADE.*

52.º

*O arguido deseja ainda ser ouvido nos presentes autos, em sede de Instrução, à luz do preceituado na alínea f) do n.º 1 do artigo 61.º do C.P.P.,*

53.º

*pois só agora tomou conhecimento de que lhe é imputada a prática de um crime de homicídio.*

*Neste termos, e nos demais de Direito que V.Exa. doutamente suprirá, ao abrigo dos arts. 287.º e segs. do Cód. Proc. Penal, o arguido requer a abertura da Instrução.*

*No âmbito das diligências instrutórias e para constatação dos factos acima descritos, nos arts. 1.° e 8 a 35.° do presente articulado, requer ainda a V.Exa. se digne ordenar ( ...)*

Este processo crimianl veio a terminar com a seguinte Decisão Instrutória:

*Entendo que, na presente instrução e neste momento, não é necessário realizar quaisquer outros actos de produção de prova – n.° 1 do artigo 290.° do Código de Processo Penal.*
*O Tribunal é o competente.*
*O processo é o próprio e está isento de nulidades.*
*As partes são legítimas e encontram-se dotadas de capacidade e legitimidade.*
*Nada obsta a que o Tribunal conheça do mérito.*
*Nos presentes autos, o Ministério Público deduziu acusação proferiu despacho de acusação contra o arguido EL, imputando-lhe a prática de factos integradores do crime de homicídio negligente, p. e p. pelo artigo 137.° , n.° 1, do Código Penal, porquanto,*
*"No dia 29 de Agosto de 2002, pelas 20H35, o arguido conduzia o veículo automóvel ligeiro de passageiros de matrícula 87-26-TM na Av<sup>a</sup> Embaixador Augusto Castro em Oeiras, no sentido de Nascente para Poente.*
*Naquele local é uma recta e a faixa de rodagem tem uma via de trânsito para cada sentido, cada uma com cerca de 6 metros de largura.*
*Naquela ocasião, e em frente ao supermercado "Modelo Bonjour" G A K, id. A fls. 57, encontrava-se a efectuar a travessia da faixa de rodagem, apresentando-se da esquerda para a direita, atento o sentido de marcha do arguido.*
*Quando G K já havia percorrido cerca de 7 metros e passado, para lá do eixo da via cerca de 1 metro, encontrando-se já na via onde circulava o veículo conduzido pelo arguido, este embateu-lhe com o lado esquerdo do veículo, fazendo-o cair no solo.*
*Como consequências directas e necessárias do embate, G K sofreu, nomeadamente, lesões traumáticas crânio-vasculo-ecefálicas, raquimedulares e torácicas graves que lhe determinaram a morte.*
*O Embate ocorreu cerca de 5 metros da berma direita, atento o sentido de marcha do veículo conduzido pelo arguido, pelo que G K foi em*

*batido pelo veículo quando já havia percorrido cerca de 1 metro da via de trânsito em que circulava o arguido.*

*O acidente verificou-se porque o arguido encontrava-se momentaneamente desatento à condução pelo que não viu G K nem realizou uma manobra adequada a evitar colhê-lo.*

*O arguido podia e devia ter previsto as consequências da sua conduta e ter tomado as precauções adequadas a evitá-las, designadamente abrandando a marcha do veículo ou desviando-se de G K.*

*Cerca de 9 metros antes do local do embate, atento o sentido de marcha do arguido, existe uma passagem para peões.*

*G K não se encontra inscrito como beneficiário no Centro Regional de Segurança Social.*

*O arguido agiu com conhecimento de reprovabilidade da sua conduta, bem sabendo que o seu comportamento não era permitido por lei. (...)"*

*O arguido, inconformado com essa acusação, requereu a abertura de instrução conforme melhor consta do seu requerimento de fls. 101 e seguintes.*

*Procedeu-se ao interrogatório do arguido e está a ser realizado o debate instrutório, como da respectiva acta consta.*

*Cumpre apreciar e decidir.*

*Em conformidade com o que dispõe o n.º 1 do artigo 286.º do Código do Processo Penal, a Instrução tem como finalidade a comprovação judicial da decisão de deduzir acusação ou de arquivar o Inquérito em ordem a submeter, ou não, a causa a julgamento. É uma fase processual facultativa (n.º 2 daquele normativo), destinada a questionar o despacho de arquivamento ou a acusação deduzida.*

*Nos presente autos a Instrução visa aquilatar da responsabilidade do arguido na autoria e consumação dos factos e aquilatar da possibilidade de, por força dos factos indiciariamente recolhidos vir ao arguido, em sede de julgamento, ser aplicada uma pena ou uma medida de segurança.*

*Para tal, é necessário apreciar, de modo crítico, a prova já produzida no inquérito e a produzida durante a Instrução e terminar com uma decisão sobre esta, no sentido da suficiência ou não de indícios conducentes à pretensão do requerente de abertura de instrução (n.º 1 do artigo 308.º do Código do Processo Penal).*

*Em sede instrutória importa apreciar os indícios suficientes de que possa resultar a possibilidade razoável de aos mesmos vir a ser aplicada, por força deles, em julgamento, uma pena ou medida de segurança (n.º 2 do artigo 283.º do Código do Processo Civil). Importa, para tanto, apreciar a prova recolhida, vista num carácter global, ao nível dos indícios.*

*Do inquérito e da instrução deve resultar prova indiciária sobre os seguintes factos: onde, quando, como e porque razão o arguido há praticado os factos que lhe são imputados. Caso contrário, a acusação (e/ou o despacho de pronúncia) pode ser considerada infundada e, por falta de prova, improceder em sede de julgamento.*

*De acordo com o prescrito no n.º 1 do artigo 283.º do Código do Processo Penal o Ministério Público deduz acusação quando, em fase de Inquérito, hajam sido recolhidos indícios suficientes da verificação da prática de um crime e de quem foram os seus agentes.*

*Indícios suficientes vêm sendo entendidos, de um jeito mais ou menos pacífico na jurisprudência[245] como aqueles elementos de facto trazidos pelos meios probatórios ao processo, os quais, livremente analisados e apreciados, criam a convicção de que, a manterem-se em julgamento, terão sérias probabilidades de conduzir a uma condenação do arguido pelo crime que lhe é atribuído. Os indícios devem ser reputados de suficientes quando, das diligências efectuadas durante o Inquérito, resultarem vestígios, suspeitas, presunções, sinais, indicações suficientes e bastantes para convencer que há crime e que é o arguido o seu agente.*

*Aliás, os factos indiciários devem ser suficiente e bastantes por forma a que logicamente relacionados e conjugados formem um todo persuasivo de culpabilidade do arguido, impondo um juízo de probabilidade do que lhe é imputado[246].*

*Assim, e de imediato, importa analisar, a prova produzida nos autos.*

*Encontram-se juntos aos autos o croqui elaborado pela P.S.P. – Brigada de Trânsito de Oeiras, o relatório da autópsia e fotografias juntas pelo arguido.*

---

[245] Acórdão da Relação de Coimbra de 26.06.63, *JR*, p. 777; Acórdão da Relação de Coimbra, de 09.11.83, *CJ*, 1983, Tomo 5, p. 71, Acórdão da Relação de Coimbra, de 10.04.85, *CJ*, 1985, Tomo 2, p. 81; Acórdão da Relação de Coimbra, de 31.03.93, *CJ*, 1993, Tomo 2, p. 65; Acórdão da Relação do Porto de 20.10.03, *Colectânea de Jurisprudência, tomo 4*, 1993, p. 261.

[246] Acórdão da Relação de Coimbra, de 31.01.93, *CJ*, tomo 2, p. 66.

*Em sede de inquérito foi ouvido em interrogatório o arguido E L – fls. 21 – e foram inquiridas as testemunhas I D S e P S, agente da P.S.P. – cfr. fls. 44 e 73.*

*Do essencial destes depoimentos, nomeadamente, do arguido e da testemunha I D S, resulta que o arguido, circulava pela $Av^a$ Embaixador Augusto de Castro a uma velocidade de cerca de 50 Km/h. Que a cerca de 9 metros do local do embate existe uma passadeira para peões e umas lombas limitadoras de velocidade. Que o sinistrado G A K estava a fazer a travessia da via por onde circulava o arguido fora da passadeira, apresentando-se pela esquerda atento o sentido de marcha do veículo conduzido pelo arguido. Que o embate se deu na parte esquerda frontal da viatura conduzida pelo arguido.*

*O Ministério Público na sua acusação refere que o acidente verificou-se porque o arguido encontrava-se momentaneamente desatento à condução pelo que não viu a vítima nem realizou uma manobra adequada a evitar colhê-la.*

*Antes este complexo fáctico importa, agora, fazer (ainda que de jeito sintético) a sua subsunção jurídica do ilícito em questão.*

*Dispõe o artigo 137.º , n.º 1, do Código Penal que "Quem matar outra pessoa por negligência é punido com a pena de prisão até 3 anos ou com pena de multa".*

*O homicídio[247] é um tipo legal de crime de resultado, a morte é elemento constitutivo do tipo. Portanto, é necessário que o agente represente a morte de outra pessoa e, apesar disso, pratique actos que levam à sua verificação.*

*O homicídio é um crime de execução livre pois que o legislador não tipifica o seu modus facciendi, isto é: não são descritas as formas típicas de cometimento da acção, limitando-se o legislador a fazer a descrição do resultado e, deste modo, há um alargamento das margens de punibilidade.*

*Deste jeito, levanta-se o problema da causalidade. A incriminação, e a consequente possibilidade de punição, da acção negadora do bem*

---

[247] Jorge de Figueiredo Dias, *Homicídio*, Comentário Conimbricense do Código Penal, Parte Especial, Tomo 1, dirigido por Jorge de Figueiredo Dias, Coimbra Editora, 1999. E também daquele autor, *Pressupostos da Punição e Causas que excluem a Ilicitude e a Culpa*, Jornadas de Direito Criminal. O Novo Código Penal Português e Legislação Complementar, Fase I, Lisboa: Centro de Estudos Judiciários, 1983, p. 57.

*jurídico pessoalíssimo vida assenta em uma construção livre no que toca à sua realização, que se cumpre por apelo às regras da causalidade – a consagrada no nosso sistema penal: da causalidade adequada – n.º 1 do artigo 10.º do Código Penal –.*

*Para que se tenha por verificado o nexo de causalidade entre uma acção e um evento não basta que a realização concreta daquele se não possa conceber sem esta, fundamental é que, em abstracto, a acção seja idónea a produzir o resultado. Quando é que uma acção é idónea à produção de um resultado? Mais que o resultado qua tale importa um juízo ex ante: o processo lógico é o de uma prognose póstuma, um juízo de idoneidade referido ao tempo em que a acção se verifica; o julgador coloca--se, mentalmente, antes de conhecer, abstraindo da produção do trabalho.*

*E, que elementos nos servem na elaboração desse juízo? Necessariamente, as regras da experiência comum aplicadas àquele caso concreto; as circunstâncias concretas em geral conhecidas; e as circunstâncias que o agente conhece. Ao juízo de adequação acrescem as circunstâncias que eram conhecidas, ou objectivamente reconhecíveis, ao momento e no lugar do facto e que pudessem ser previstas por um homem criterioso colocado no papel do agente, considerando-se os seus "especiais" conhecimentos. Se, de acordo com estes critérios o resultado era previsível, então é susceptível de lhe ser imputado.*

*O legislador consagrou formas diferenciadas de ataque ao bem jurídico da vida, nos artigos 131.º a 139.º do Código Penal, não obstante a unicidade de bem jurídico tutelado.*

*Em regra, a tipicidade de condutas violadoras de específicos bens jurídico-penais reclama, de um ponto de vista subjectivo, uma actuação do agente ciente da sua ilicitude – conhecimento dos elementos constitutivos do ilícito típico – e a manifestação de vontade, por actos, da produção do resultado danoso.*

*Porém, há laivos desconformes de intensidade de protecção, em relação ao mesmo bem jurídico, que o legislador sentiu necessidade de acentuar – ideia de fragmentariedade de 2.º grau –. É, desde logo, o que resulta da consagração do princípio do numerus clausus da tipicidade da negligência (enquanto forma atenuada de culpa em um sentido ético--jurídico), no artigo 13.º do Código Penal.*

*É certo que tendo em conta a matéria fáctica descrita não há dúvidas sobre a verificação do resultado morte, todavia, e para aquilatar do elemento subjectivo do tipo de ilícito importa apreciar o que resulta indi-*

*ciado relativamente aos factos psicológicos, aqueles que só podem ter-se por creditados mediante indução ou inferência (prévio juízo valorativo). Tarefa difícil, dada a impossibilidade de penetrar no intelecto humano – arcano inexpugnável ou fonte selada – onde permanecem incógnitas as representações e as volições, devendo-se em tais casos indagar e inquirir o que é indispensável conhecer. Lanço mão de um método ad extra, valendo-me de quantos dados objectivos constem na causa e destes, de onde chega o conhecimento do agente ou quais foram as suas verdadeiras intenções.*

*A prova dos elementos subjectivos do tipo não requer, necessariamente, basear-se em declarações testemunhais ou provas periciais. Na medida em que o dolo e os restantes elementos do tipo penal não podem ser percebidos directamente pelos sentidos, nem requerem para a sua comprovação conhecimentos científicos ou técnicos especiais.*

*O Tribunal deve esclarecer os factos a partir da forma exterior do comportamento e suas circunstâncias, mediante um procedimento indutivo, que se baseia nos princípios da experiência geral. Como, p. ex., o animus necandi, que mais não é que uma teoria da indução do dolo do homicídio. Para a determinação da animus necandi, que diferencia as formas simples e qualifica de homicídio, do crime de ofensas à integridade física importa aquilatar da natureza das relações existentes anteriormente entre o agente e a vítima, a inimizade, o ressentimento, a amizade, a indiferença ou o desconhecimento entre estes sujeitos; a razão ou o motivo que provocou de maneira imediata a agressão; as circunstâncias em que se produz a acção, valorando as condições objectivas de espaço, tempo e lugar, e o comportamento de todos os intervenientes, no conjunto de incidências que desembocaram na agressão, particularmente a concorrência de actos provocativos, palavras insultuosas e ameaças; as manifestações do agressor, e de maneira muito especial as palavras que acompanham a agressão que constituem, às vezes, confissão espontânea do alcance da intenção lesiva, assim como a sua actividade anterior, concomitante e posterior à prática do delito; a personalidade do agressor e do agredido; como dados de especial relevância, o tipo de arma utilizada (a idoneidade do meio empregado), a parte do corpo a que se dirigiu a agressão, a distância entre agressor e ofendido, a gravidade da lesão ocasionada, a repetição dos golpes – o que evidência a reiteração da vontade homicida –.*

*Em causa está indiciada a prática de um crime de homicídio negligente. Ora, a negligência traduz-se, em um não proceder com cuidado, não revelando o agente uma frontal oposição ao Direito. Porque o agente não pautou o seu comportamento pela observância do dever de cuidado, vem a resultar a produção do resultado danoso: a morte.*

*Deste jeito, a negligência – enquanto forma culpa – reclama a existência de dois elementos, a saber: a violação de um dever objectivo de cuidado e a produção do resultado*[248].

*A violação do dever objectivo de cuidado analisa-se no facto de as normas penais pretenderem induzir os seus destinatários a um querer correcto; a norma penal que pune um comportamento negligente exige de todos a aplicação do cuidado objectivamente devido em ordem a evitar o resultado típico. Mas qual é a espécie de cuidado que a todos é exigível? O primeiro dever que se deduz da exigência geral de cuidado é o de representar o perigo para o bem jurídico e avaliá-lo correctamente, pois que todas as precauções tendentes a evitar o dano dependem na espécie (quais) e na quantidade (quantas) do conhecimento do perigo ameaçador – é o chamado cuidado interno: a observação das condições sobre as quais tem lugar uma acção, bem como a previsibilidade do acontecer posterior.*

*Outro problema é o de saber como medir o dever de cuidado – qual é o critério padrão da avaliação do cuidado? O do homem consciente e cuidadoso no sector do tráfico a que pertence o agente. A avaliação, em sede de trânsito rodoviário – que é aquela em que aqui nos reportamos –, há-de ser feita de acordo com o juízo de previsibilidade ex ante da situação por um condutor consciente e cuidadoso, colocado naquela exacta situação.*

*Por conseguinte, da possibilidade de representação do perigo para o bem jurídico decorre um outro dever: o de adopção de um comportamento externo correcto em ordem a evitar o resultado – se o agente representou o perigo ou se tinha a possibilidade de o representar, deverá assumir externamente um comportamento adequado a obstar à produção do resultado. Assim, a prova do elemento interno do arguido, a representação do perigo e a não conformação com o resultado dele adveniente, e do circunstancialismo em que ocorreram os factos, a velocidade a que se seguia, ainda que indiciárias, permitem a valoração negativa relativamente ao comportamento do arguido.*

---

[248] Eduardo Correia, *Direito Criminal*, Volume I – reimpressão, com a colaboração de Figueiredo Dias, Livraria Almedina, Coimbra, 1993, p. 421 e seguintes.

*Este dever de cuidado que vem de se referir requer, em primeiro lugar, o abandono da execução das acções apropriadas à realização do tipo negligente – é o chamado dever de cuidado como omissão de condutas perigosas. Note-se, contudo, que existem casos em que a acção perigosa pode, em si mesma, realizar-se por causa da sua utilidade social, como é a do tráfico rodoviário. Quer dizer: o perigo, por vezes, é co-existencial e, por isso, necessário ao desenvolvimento social. Imperioso é que o agente, em cumprimento do dever de cuidado externo, observe todas as regras de prudência e supervisão ao realizar a acção para afastar ou manter o perigo dentro de certos limites.*

*Qual o fundamento do dever de cuidado externo? Em primeiro lugar, a lei, regulamentos policiais, regulamentos de segurança no trabalho, etc.; em segundo lugar, temos um conjunto de regras que, ainda que não escritas, estabelecem comportamento a adoptar – são as chamadas regras gerais de cuidado como, verbi gratia, o principio da confiança no tráfico rodoviário.*

*Quanto á produção do resultado, algumas considerações: na negligência, o desvalor de acção é muito mais ténue que o do dolo, daí a necessidade de ser conjugado com o desvalor de resultado para haver punição. A acção e o resultado, na negligência, formam uma unidade. O resultado tem não só de verificar-se, como tem de ser causalmente produzido pela acção violadora do dever objectivo de cuidado. Por conseguinte: é necessário que o resultado pudesse evitar-se com um comportamento cuidadoso, é necessário que a norma infringida pretenda evitar o resultado (âmbito de protecção da norma jurídica violada).*

*Ora, in casu, o arguido circulava a uma velocidade de cerca de 50 Km/h. Abrandou junto das lombas limitadoras de velocidade e da passagem (passadeira) para peões existente no local. Não resulta dos autos que o arguido tenha violado qualquer regra de trânsito. O acidente dá-se, em circunstâncias não concretamente apuradas, cerca de 9 metros dessa passadeira, na faixa de rodagem do arguido e quando a vítima iniciava a travessia da referida via em local onde não existia qualquer passadeira. O embate dá-se na parte lateral frontal do veículo conduzido pelo arguido.*

*Do ponto de vista indiciário pode-se concluir que o condutor de qualquer veículo que cumpre as regras de trânsito que lhe são impostas, tem de partir do principio de que os demais utentes – incluindo os peões – os cumpram também. Um condutor não tem de contar com obstáculos que lhe surjam inopinadamente, sendo previsível para o arguido, como para qualquer condutor prudente, contar com o repentino atravessamento do sinistrado precisamente no momento em que a viatura passava por ele. É o chamado princípio da confiança, segundo o qual ninguém terá em princípio de responder por faltas de cuidado de outrem. Uma limitação das exigências de cuidado deriva do princípio da confiança. Provindo o perigo da actuação de outras pessoas, não precisará o agente de entrar em conta com tal risco, "uma vez que as outras pessoas são (ou devem supor-se), elas próprias, seres responsáveis. Por outras palavras, ninguém terá em princípio de responder por faltas de cuidado de outrém, antes se pode confiar em que as outras pessoas observarão os deveres que lhes incumbem" (Figueiredo Dias, Direito Penal, sumários e notas, Coimbra, 1976, p.73).*

*Anote-se, uma vez mais, que o embate dá-se na parte lateral esquerda frontal do veículo conduzido pelo arguido, ou seja, o embate ocorre quando a frente do veículo conduzido pelo arguido já tinha passado pelo sinistrado.*

*Atenta a proximidade e o imprevisto, haveria a possibilidade do arguido evitar o embate?*

*Pensamos que não.*

*A nosso ver, culposo e causal do acidente, foi assim o comportamento do sinistrado, em clara violação do disposto no artigo 101.º, n.º 1, do Código da Estrada.*

*O sinistrado, sem que nada o fizesse prever, começou a atravessar a faixa de rodagem por onde circulava o arguido – podendo e devendo fazê-lo pela passadeira de peões existente nessa via a cerca de 9 metros do local do acidente –, sem verificar primeiro se o poderia fazer sem perigo, surgindo de repente pela parte esquerda do veículo conduzido pelo arguido atento o sentido de marcha deste.*

*Ora, face ao exposto e à prova produzida nos autos, não resulta indiciado que o embate se tenha verificado devido à condição desatenta de arguido E L e/ou que este não tenha procedido com o cuidado a que, segundo as circunstâncias, estava obrigado e era capaz. Também não indiciam os autos que o arguido tenha, por alguma forma, violado qualquer regra estradal.*

*As condições objectivas que moldam o tipo-de-ilícito negligente (infracção do dever objectivo de cuidado, previsibilidade do resultado) não estão, assim, preenchidos.*

*Como acima se referiu, indícios suficientes vem sendo entendidos como aqueles elementos de facto trazidos pelos meios probatórios ao processo, os quais, livremente analisados e apreciados, criam a convicção de que, a manterem-se em julgamento, terão sérias probabilidade de conduzir a uma condenação do arguido pelo crime que lhe é atribuído.*

*Ora, os indícios recolhidos em sede de inquérito não se mostram suficientes para sustentar a acusação pública, ou seja, que o embate de que resultou a morte do sinistrado se tenha verificado pela conduta negligente do arguido.*

*Estamos, assim, convictos de que a ser o arguido sujeito a julgamento seria o mesmo absolvido do ilícito de que vem acusado, razão pela qual se decide não pronunciar o arguido.*

*DECISÃO:*

*Nos termos expostos, ao abrigo do disposto no artigo 308.º, do Código de Processo Penal, decido não pronunciar o arguido E L pela prática de qualquer ilícito criminal.*

Estes textos transmitem-nos, na subtileza dos pormenores, alguma parte do tratamento dado à *culpa negligente* nos tribunais, fragmentos que serão já intangíveis na Jurisprudência publicada.

Nas três dadas situações reais que acabámos de descrever, podemos encontrar inúmeras referências que proporcionam ao leitor a conjugação das normas penais, em concreto, com o "mundo dos factos ocorridos", assim como ainda com a perspectiva do causídico que representou os arguidos, mas também, naturalmente, considerações que serão já de ordem jurisprudencial.

Apresentámos casos concretos de aparente homicídio negligente, circunstanciados ao tráfego rodoviário e seleccionados entre vários outros da nossa experiência individual. A sua selecção não foi feita ao acaso, obviamente. Muitos outros casos poderiam aqui figurar, nomeadamente os relativos a crimes negligentes resultantes da actividade médica, que temos acompanhado ao longo dos anos.

São, todavia, exemplos do tipo de crime negligente comum mais grave, o homicídio, onde as características pessoais dos agentes arguidos evidenciam tratarem-se de casos que poderão suceder a qualquer um condutor de veículo ligeiro automóvel. Não se tratam de crimes específicos, ou seja aqueles que só poderão vir a ser praticados por agentes que detenham qualidades específicas.

Estes exemplos foram escolhidos para o presente livro, por um lado, por demonstrarem como tão facilmente se pode incorrer em responsabilidade criminal, ou seja, por revelarem cruamente como os *aspectos casuais* da vida em sociedade podem vir a surpreender-nos e, inadvertidamente, em questão de segundos, virem tais aspectos casuais a constituírem-se em factores determinantes da submissão/exclusão a uma responsabilização penal por facto negligente.

Mas, por outro lado, foram os exemplos escolhidos para melhor situarmos uma questão concreta que gostaríamos de colocar ao leitor, no sentido de chegarmos ao âmago do nosso assunto da Culpa Negligente.

Ora, a nossa questão não será a de imaginarmos que aqueles três arguidos – ELM, JL, ou EL – houvessem sido condenados pela prática de um crime negligente. Desde logo porque teriam sido decisões erradas, e não tratamos nesta obra do erro judiciário, seja este um erro na apreciação das questões-de-facto seja sobre as questões-de-direito[249].

A questão também não será uma de carácter sociológico, filosófico ou psicológico, como a análise das consequências do estigma sobre as pessoas inocentes que foram constituídas arguidas pela prática de um crime negligente e que, em tal situação, padecerem efectivamente de um receio visceral quanto a poderem vir a ser erradamente condenadas pela prática de um crime que não cometeram.

---

[249] Seguindo CASTANHEIRA NEVES, a diferenciação da questão-de-facto da questão-de-direito, no contexto metodológico da análise do caso jurídico, enquanto categorias distintas que operam em momentos diferentes do processo de solução de um caso jurídico, será correcto identificar a questão-de-facto com o momento metodológico da selecção crítica dos dados de facto, isto é, definição da situação pré-jurídica. (Para uma sucinta revalorização do problema, *vide* A. CASTANHEIRA NEVES, *Metodologia Jurídica, Problemas Fundamentais*, "Stvdia Ivridica ", 1, Coimbra Editora, 1993, pp.162 ss.). CASTANHEIRA NEVES distingue ainda dois momentos fundamentais no domínio da questão-de-facto: um de prévio controlo crítico, em que se determina o âmbito da situação fáctica com relevância jurídica; e outro de comprovação da veracidade dos dados de facto. Pelo contrário a questão-de-direito será o momento metodológico correspondente à busca problematizada do normativo aplicável aos factos pré-estabelecidos, ou seja, a determinação da solução jurídica. CASTANHEIRA NEVES distingue também dois momentos fundamentais no domínio da questão-de-direito, um abstracto e um concreto: o primeiro corresponde à determinação do critério jurídico que haverá de orientar a solução jurídica; o segundo consistirá no concreto juízo decisório do caso, perante os factos apurados (para um aprofundamento exaustivo sobre esta problemática, *vide* CASTANHEIRA NEVES, *Questão-de-facto, Questão--de-Direito ou o Problema Metodológico da Jurisdicidade*, Almedina, Coimbra, 1967).

A nossa questão é, finalmente, a seguinte:

- e se, em qualquer um dos dados três casos, imaginando circunstâncias de facto ligeiramente diferentes, os arguidos fossem efectivamente culpados?

Ou, enunciando de outra forma:

- e se qualquer um dos três arguidos (que o leitor terá imaginado tal como os descrevemos) tivesse violado momentaneamente deveres de cuidado na sua condução, tendo tal descuido estado na origem da morte das vítimas?

É de imediata agnição onde pretendemos chegar. Pois em qualquer um dos casos enunciados continuaríamos perante os mesmos sujeitos, cidadãos zelosos, cumpridores, e ainda ciosos dos valores comunitários. Pessoas bem formadas que *não optaram por* atentar contra a vida humana, mas que, surpreendidos por factos fortuitos, teriam cometido uma desatenção com consequências fatais sobre uma vida humana. Na verdade – deixando agora de parte a abstracção das normas jurídicas – os casos julgados em tribunal quanto aos crimes negligentes são normalmente o *resultado de uma pontual errada actuação de um dado agente*, cruelmente colocado ante uma *situação de facto fortuita e já de si trágica e potencialmente perigosa*. E do que se trata é da punição criminal de tais agentes, por haverem causado um *resultado que não derivou da sua vontade*. Um resultado, aliás, que para além do contributo dado pela falta de cuidado do agente será vulgarmente *em alguma medida acidental*[250].

Como poderá eventualmente ter-se já por patenteado, as diferenças ético-valorativas entre a conduta diligente que o agente deveria ter adoptado e a conduta negligente que o mesmo afinal adoptou são frequentemente ínfimas. Ínfimas na realidade dos factos, mas com uma admirável diferença ao nível da apreciação jurídica e dos correspectivos efeitos jurídicos sancionatórios. Pois que o Direito Penal é o Direito da Penas (privativas da liberdade).

---

[250] Quer na acepção de o facto ter sido em alguma medida produto do acaso, quer também na acepção de constituir um incidente isolado no percurso de vida do agente.

Ora, é neste enquadramento real – muito para lá da superfície das previsões gerais e abstractas – que devemos indagar-nos acerca do juízo de censurabilidade e das finalidades da pena no facto negligente. Ou seja, até que ponto e em que medida se deve realizar o juízo de censurabilidade necessário à punição do agente (Culpa como fundamento da Pena, em respeito pelo princípio da Dignidade Humana), e que finalidades da pena (Prevenção Geral, Prevenção Especial) poderão realmente fundamentar a pena aplicável ao agente, no quadro e ordem de valores do ordenamento jurídico no seu todo. Estes, aliás, os problemas que vimos perseguindo desde o início do nosso livro, e que, para boa economia do texto, deixaremos para a conclusão.

### II. 2. Referências na Jurisprudência Publicada

São – como não poderia deixar de ser – abundantes nos tribunais criminais as condenações pela prática de crimes negligentes. Mas, no tratamento doutrinário da temática do crime negligente, a Jurisprudência publicada é parca em considerações que vão para além da distinção entre a negligência consciente e a negligência inconsciente, imposta pela lei[251]. No entanto, até neste domínio *a distinção realizada é casuística*, limitando-se muitas vezes o tribunal a utilizar fórmulas como "*age com negligência consciente quem (...)*" ou "*age com negligência inconsciente aquele que (...)*"[252], referindo-se de imediato aos factos dados por provados. Ou seja, é exarada a conclusão de onde se parte para o conteúdo a decisório do Acórdão, permanecendo porém oculta a correlação dos elementos de facto ao conteúdo dogmático das previsões legais, obnubilando a exagese jurídica que deveria situar-se a montante. Com efeito, do que é dado a ler, o tribunal deduz dos factos provados a imediata ponderação do seu significado jurídico, em face do artigo 15.º do Código Penal, optando por uma das duas categorias legais da negligência, sem cuidar de reconstituir o caminho seguido para tal conclusão.

---

[251] Correspondendo às já analisadas duas alíneas do art. 15.º do Código Penal.
[252] Como no Acórdão do Tribunal da Relação de Coimbra de 20/11/1985 (Rec. 34.900) in Col. Jur. 1985, tomo 5, pp.55, sendo situação comum a inúmeros outros.

O mesmo casuísmo[253] – aliás imposto de alguma forma pelo legislador ao julgador, como já vimos *supra* – verifica-se nas decisões onde se condena o arguido por negligência grosseira, como se demonstra pelo Acórdão do Tribunal da Relação de Évora de 7/11/2000 (R. 275/2000, em BMJ tomo 501, pp.355):

*"A negligência grosseira que qualifica o crime de homicídio por negligência existe, em casos de acidente de viação, quando o condutor não põe na condução uma actuação prudente e antes se esquece dos mais elementares deveres de precaução e prudência, revelando ligeireza e temeridade. O arguido agiu com negligência grosseira ao conduzir com velocidade excessiva numa estrada aberta ao tráfico de veículos lentos, nomeadamente de tracção animal, que aquele conhecia, a uma hora do dia (17.30 horas) e num mês do ano (Fevereiro) em que a altura do sol pode, de forma mais ou menos prolongada, causar encandeamentos, fenómeno natural previsível e conhecido do arguido, que todos os dias de trabalho percorria a estrada, pelo que o mesmo, não reduzindo a marcha ao limite da prudência imposta pela lei, aderiu aos efeitos desse encandeamento, sem se preocupar com o que pudesse acontecer, tendo a sua conduta a marca manifesta da negligência grosseira".*

Expressões como a citada *marca da negligência grosseira* traduzem claramente as dificuldades sentidas pelo julgador na temática do crime negligente, a montante das quais se situa o vazio dogmático que vimos enunciado, acerca do que poderia ser uma teoria geral da infracção do crime negligente. De resto, quando o tribunal vai mais além na clarificação dos conceitos jurídicos formulados pelo legislador, não tem tido melhor recurso do que regressar aos conceitos clássicos que foram produto do conceito psicológico de culpa, como no Acórdão do Supremo Tribunal de Justiça de 28/5/2008 (P. 1778/2008, em Col. Jur. 2008, tomo II, pp.236), onde se lê:

*"A expressão negligência grosseira utilizada no CP corresponde, na nossa tradição, à figura da culpa temerária ou esquecimento de deveres,*

---

[253] Que, não esqueçamos, implicam grave prejuízo dos princípios da certeza e da segurança jurídicas, quanto à previsibilidade dos efeitos jurídicos da lei.

*e só se verifica quando o condutor da viatura se demite dos mais elementares cuidados na condução, por temeridade, leviandade, ou total ausência de atenção ou de cuidados, em termos de, através dela, criar alto perigo de acidente".*

Mas comum a quase todas as decisões – exceptuando talvez aquelas onde o legislador previu no tipo a possibilidade da negligência grosseira – permanece o facto de o tribunal não indicar sequer (e fundamentar) expressamente a medida que considerou como verificada quanto à *intensidade da negligência*, não obstante esta ser exigida pelo artigo 71.º n.º 2 alínea *b*) do mesmo diploma[254] para a determinação da medida da pena. Temos, portanto, uma situação de omissão da fundamentação expressa, quer quanto à qualificação da negligência quer quanto à distinção de graus de gravidade.

No que tange à análise dos pressupostos e dos requisitos do crime negligente que acima enunciámos, é confrangedora a omissão da sua análise circunstanciada por parte dos tribunais quanto a cada caso concreto, à excepção de pontuais indicações de deveres de cuidado muito genéricos como o dever de cuidado na condução de um veículo automóvel, ou o dever de cuidado específico das situações médicas. O mais que se encontra para além destes dois universos de casos, são considerações absolutamente incipientes relativas a deveres de cuidado gerais, como no Acórdão do Supremo Tribunal de Justiça de 15/5/1991 (P. n.º 41.572, in BMJ tomo 407, pp.321):

*"Sendo a negligência a falta de cuidado em se prever o que devia ser previsto ou em se tomarem as precauções necessárias para evitar danos a terceiros, viola todos os deveres de cuidado e assume a responsabilidade pelo que possa a vir a acontecer o arguido que empunha uma pistola carregada e em condições de se disparar, pelo que comete um crime de ofensas corporais por negligência, do artigo 148.º n.º 3, do Código Penal, no caos de a arma se disparar, independentemente da vontade do agente, e produzir ferimentos graves na pessoa do ofendido".*

---

[254] A conclusão decorre dos textos publicados, obviamente para além dos respectivos sumários.

Também o próprio n.º 2 do artigo 10.º do Código Penal parece remetido a uma importância secundária, à excepção dos crimes imputados a membros da classe médica – onde se tem por assente, à partida, que sobre o agente impende o dever especial de evitar resultados danosos desde o momento que aceite o paciente na sua consulta, como se considerou por exemplo no Acórdão do Tribunal da Relação do Porto de 11/11/1998 (R. 9810735 in BMJ tomo 481, pp.543):

*"I – Após a reforma do Código Penal de 1995, a violação das "legis artis" causadora de perigo para o corpo, a saúde ou a vida do paciente deixou de ser punida como crime autónomo, só integrando ilícito penal se houver ofensa no corpo ou na saúde, quer seja dolosa, quer seja negligente. II – Sendo um crime de resultado, abrange não só a acção adequada a produzi-lo, mas também a omissão de acção adequada a evitá-lo, só sendo esta punível quando sobre o omitente recaia o dever jurídico de evitar a verificação de um evento danoso para a vida e para a saúde deste. III – No caso de actuação médica, esse dever existe independentemente de qualquer vínculo contratual, pois a aceitação de um doente cria para o médico o dever jurídico, próprio do garante, de evitar a verificação de um evento danoso para a vida e a saúde do doente."*

Porém, mais confrangedor ainda é o que se verifica quanto à equiparação da negligência a uma mera forma de culpa, tal como configurado na dogmática do Direito Civil. Isto é, a Jurisprudência Penal não tem acompanhado pelo mesmo compasso a evolução e o significado actual da categoria da culpa na dogmática Penal. Por isso são constantes expressões como *"comete um só crime de homicídio involuntário com culpa grave"*[255] referindo-se a negligência, ou *"pratica um só crime de homicídio por negligência o condutor de um veículo que, por agir com culpa inconsciente"*[256] referindo-se a negligência inconsciente. Por esta razão repetem-se as situações em que, na decisão judicial, a *análise da culpa do agente é equiparada à verificação da própria negligência*, sem mais.

---

[255] Em Acórdão do Supremo Tribunal de Justiça de 25/6/1986 (P. 38.410), em BMJ tomo 358, pp.283.

[256] Em Acórdão do Tribunal da Relação de Coimbra de 19/10/1994 (R. 387/94), em Col. Jur. 1994, tomo 4, pp.58.

O que, como dissemos, denota claramente a *persistência da confusão entre o conceito civilista de culpa* (que engloba a negligência, como uma das suas formas) *e a culpa enquanto conceito autónomo na Teoria Geral da Infracção Penal*.

Em consequência, o tribunal não procede à análise dos pressupostos e requisitos da negligência ao nível da Tipicidade e, mais significativo ainda, prescinde simplesmente posteriormente da aferição da Culpa do agente – enquanto juízo de censurabilidade que deveria operar depois de aferido o preenchimento do tipo-de-ilícito – ao dar por culposa toda e qualquer actuação do agente em que se tenha verificado a negligência.

Para ilustração, leia-se o seguinte trecho do Acórdão do Supremo Tribunal de Justiça (unanimidade) n.º 188/89 de 28/9/1989:

*O Ante-projecto do Código Penal de 1982, como é de todos consabido, e da autoria do Professor Eduardo Correia, dispunha no seu artigo 157 n.º 1 o seguinte: "Quem, em virtude de ofensa corporal a saúde de outrem, causar por negligência, a morte do ofendido, será punido…". Esta disposição que foi aprovada por unanimidade – confira Actas das Sessões da Comissão Revisora, a página 64 – e a propósito da qual o autor do Projecto chamou a atenção de que o normativo em causa consignava um crime preterintencional e que a imputação pressupunha a negligência, como dela constava, o certo e que a expressão "negligência" deixou de aparecer no Código Penal que presentemente nos rege.*

*Dai o perguntar-se se a negligência se mantêm ainda como requisito do crime preterintencional. Seguramente que a solução terá de ser afirmativa.*

*Com efeito, o facto de o legislador de 1982 haver retirado a expressão "negligência" não nos deve impressionar, pois é lógico pensar que, reconhecendo-se a existência de variadíssimos casos de crimes preterintencionais, fosse mais acertado que a exigência de tal pressuposto – a negligência – deixasse de figurar em todos esses crimes – o que tautológico seria – e que passasse antes para a parte geral do diploma.*

*Ora, foi isso precisamente o que ocorreu.*

*Consultando a parte geral do Código Penal de 1982, depara-se-nos a realidade contida no seu artigo 18.º, que expressamente textua: "Quando a pena aplicável a um facto agravada em função da produção de um resultado, a agravação e sempre condicionada pela possibilidade de imputação desse resultado ao agente pelo menos <u>a título de negligência</u>".*

*Quer tudo isto significar que não há crimes sem culpa e que, por isso, o evento agravante tem que ser imputado ao agente pelo menos a título de culpa.*

Sendo assim, somos de opinião de que a culpa continua a ser exigida e, consequentemente, de ser provada a sua existência.

Postas estas lineares considerações sobre a temática do crime preterintencional, aliás sufragadas pela Jurisprudência e pela Doutrina mais abalizada (confira entre outros os Acórdãos do Supremo Tribunal de Justiça de 14 de Julho de 1984 in Boletim 339 – página 263, de 24 de Outubro de 1984 in Boletim 340 – página 243 e 6 de Março de 1985 in Boletim 345 – a página 213, Figueiredo Dias in R.D.E.S. – volume XVII a página 264 e seguintes, Cavaleiro de Ferreira in Lições de Direito Penal a paginas 199 e seguintes e Cuelho Calon in Derecho Penal – Tomo I – a página 442 e seguintes), passemos, de seguida e por ela iluminados, a fazer incidir a nossa objectiva sobre o caso do pleito.

Inicialmente acusado e pronunciado pela prática de um crime de homicídio qualificado previsto e punido pelos artigos 131.° e 132.° ns. 1 e 2 alínea c) do Código Penal, como vimos, o acórdão agravado acabou por condenar o arguido como autor material de ofensas corporais agravadas pelo resultado, previsto e punível pelas disposições combinadas dos artigos 145.° n.° 1 e 143.° alínea c) do referido diploma. (o sublinhado é nosso).

Ou ainda, como lapidar demonstração, o sumário do Acórdão do Supremo Tribunal de Justiça de 14/5/1998 (P. 1505/98 in BMJ tomo 477, pp.289):

"*I – Só existe insuficiência da matéria de facto face à decisão se o tribunal deixar de investigar o que deve e pode investigar tornando a matéria de facto insusceptível de adequada subsunção jurídica-criminal. II – A imputação subjectiva do resultado a título de negligência tem de ser referida ao momento do facto e tem de revelar do próprio facto. III – Na negligência, a imputação subjectiva exige uma possibilidade concreta de agir de outra maneira, só podendo imputar-se ao agente, a título de culpa, o resultado que, dentro dos limites da sua conduta contrária ao dever, era para ele previsível*" (o sublinhado é nosso).

Sinais evidentes, que denotam a dificuldade na aplicação dos preceitos legais, a montante dos quais defendemos existir um autêntico *vazio dogmático* quanto à teoria geral da infracção crimes negligentes.

## II. 3. A Questão da Presunção Efectiva da Culpa do Agente

É patente na jurisprudência dos tribunais que se prescinde de uma análise efectiva da culpa do agente[257], enquanto categoria autónoma de imputação de responsabilidade penal na Teoria Geral da Infracção. Aliás, tal ocorre de modo flagrante quando se identifica a negligência com uma das modalidades da culpa (conceito psicológico de culpa[258], ainda vigente no Direito Civil), resultando que o tribunal considera demonstrada a culpa quando apura a negligência. Mas, também nas situações em que a negligência é aferida em sede da Tipicidade, o tribunal prescinde de qualquer operação de análise jurídica dos factos específica para solucionar a questão da culpa do agente – a que deveria corresponder um momento valorativo, ético e axiomático, posterior ao da constatação da ilicitude.

Na verdade, quanto à categoria da culpa tal como consagrada no Direito Penal vigente, ocorre assim uma verdadeira presunção efectiva (da culpa do agente), na modalidade de presunção natural, como que decorrendo de uma espécie de regra de experiência. Isto é, concluindo-se pelo preenchimento do tipo-de-ilícito negligente, o tribunal automaticamente deduz a culpa do agente[259].

Efectivamente o tribunal não realiza qualquer sindicância ao nível da categoria da Culpa – como aliás, em abono da verdade, termina por suceder também no caso dos crimes dolosos. Mas, se no caso dos crimes dolosos a questão não tem preocupado nem a doutrina nem a jurisprudência, parecendo suficiente para acautelar o estatuto dogmático da culpa a consagração legal das causas de exclusão da culpa – apesar de, no plano

---

[257] Referimo-nos ao específico juízo de censurabilidade, ou seja à questão de ter ou não actuado com culpa (*vide* a alínea c) do n.º 2 do artigo 368.º do Código de Processo Penal), matéria diversa da sua culpabilidade genérica (como referida na epígrafe do mesmo artigo 368.º ) que corresponde por sua vez à expressão *ser culpado de um crime*, isto é, a plenitude da imputação criminal – típica, ilícita e culposa – por oposição à noção genérica de inocência.

[258] Em que culpa é a ligação subjectiva do agente ao resultado, sendo a imputabilidade um pressuposto, e o dolo e a negligência as suas formas.

[259] Acresce que, como já dissemos *supra*, a taxatividade das causas de exclusão da culpa, em oposição à não taxatividade, por exemplo, das causas de exclusão da ilicitude (artigo 31.º do Código Penal), constitui outro valioso argumento que demonstra a existência de uma *efectiva* presunção geral de culpa, a coberto do próprio Código Penal.

concreto, ter de ser o próprio arguido a invocar e demonstrar os correspondentes factos por forma a poder escapar àquela presunção natural – já o mesmo não se verificará no caso dos crimes negligentes:

> *a)* quer em virtude do especial e relevantíssimo *significado da culpa ao nível da fundamentação da pena* nos crimes negligentes;
> *b)* quer ainda porque é *extremamente difícil*, no caso de um agente que actuou sem dolo, que se configurem situações de facto em que possam *verificar-se as causas de exclusão da culpa*[260].

A questão da legitimidade de tal espécie de presunção (da culpa do agente) ultrapassa, contudo, o mero âmbito dos crimes negligentes, não obstante na responsabilidade penal negligente assuma contornos relativamente intoleráveis.

Com efeito, também o Processo Penal acolhe, ainda que com sensíveis especialidades, o velho princípio romano *actor incumbit probatio*, neste caso se traduzindo-se no inelutável encargo probatório que impende sobre a Acusação. Não podendo classificar-se o processo penal como um processo de partes – em virtude da estrutura acusatória impura que conhece no sistema jurídico português – *não existe todavia um ónus de prova a repartir por partes processuais*, pelo menos formalmente. Isto porque, por um lado, sendo o Ministério Público a entidade acusatória por excelência, jamais se lhe poderia atribuir o conceito de parte (processual), pois as suas atribuições de descoberta da verdade e realização do direito[261] impedem-no de ter um interesse processual autónomo face ao Tribunal[262].

---

[260] Pensemos v. g. nas situações previstas nos artigos 33.º , 35.º e 37.º do Código Penal.

[261] Cfr. artigos 53.º , 262.º e 401.º do Código de Processo Penal.

[262] Não assim em sistemas jurídicos como o dos Estados Unidos, onde o processo penal se subordina totalmente à logica de um processo de partes. Com efeito, a estrutura acusatória pura deste sistema faz impender sobre a entidade promotora pública uma verdadeira função acusatória, tornando-a justificadora do estigma de *"caçador implacável"*, na expressão de GOSSEL (de acordo com CLAUS ROXIN em *Fragen der Hauptverhandlungsreform im Strafprozess*, Festschrift Schmidt-Leichner, 1989, pp.147). Assim, é ao binómio *prosecution/defense* que cabe toda a actuação activa no processo, incluindo a responsabilidade pela própria investigação e actividades probatórias, cabendo ao tribunal, por outro lado a mera função de árbitro espectador. Para uma breve análise deste assunto, *vide* M. COSTA ANDRADE, *Sobre as Proibições de Prova em Processo Penal*, Coimbra, 1992,

"*O Ministério Público será, portanto, uma parte sem interesse directo e oposto ao da defesa; é antes uma parte imparcial*"[263].

Por outro lado, competindo em último grau ao próprio juiz do julgamento o dever de instruir e esclarecer os factos constantes da acusação[264], deve afirmar-se que *não existe um ónus formal de prova* que impenda quer sobre a acusação, quer sobre o próprio arguido.

Porém, se não existe o designado ónus de prova formal no âmbito do processo penal, parece razoável poder falar-se num *ónus de prova material*, significando-se com ele a consequência do princípio da presunção de inocência do arguido. Assim, mais do que a concessão de um *altera pars auditur* e segundo o próprio n.° 2 do artigo32.° da Constituição da República, "*Todo o arguido se presume inocente até ao trânsito em julgado da sentença de condenação(...)*", o que consagra a presunção de inocência[265] enquanto uma das garantias fundamentais do processo penal.

Por sua vez, "*Desta presunção de inocência derivam dois corolários (...) o princípio do in dubio pro reu (...) e o princípio do in dubio pro libertatis(...)*"[266]. O princípio da presunção de inocência, rico em consequências como a subsidiariedade da prisão preventiva (em parte), o respeito integral pela dignidade do arguido no decurso da audiência, materializa-se, no âmbito probatório[267], no princípio "*In Dubio Pro Reo*"[268].

---

pp.137 ss.. No entanto, é patente que o próprio ordenamento jurídico português começa a adoptar soluções próprias da lógica de um processo de parte, colocando o objecto do processo penal na mesa de negociações entre o Ministério Público e o arguido, no intuito de aumentar a eficácia do Direito Penal em deterimento do carácter eminentemente ético do Direito Penal (*vide*, designadamente, o art. 31.° do D-L n.° 15/93 de 22 de Janeiro de 1993, no âmbito da legislação de combate à droga, e o art. 26.° do Regime Jurídico das Infracções Fiscais Não Aduaneiras, D-L n.° 20-A/90 de 15 de Janeiro de 1990, com a redacção conferida pelo D-L n.° 394/93 de 24 de Novembro).

[263] MANUEL CAVALEIRO DE FERREIRA, *Curso de Processo Penal*, Vol.I, Lisboa, 1981, p.74.

[264] Cfr. artigos 340.°, 345.° n.° 1, 348.° n.° 5 e 354.° do Código de Processo Penal.

[265] Princípio que, aliás, é "*um princípio natural de prova imposto pela lógica e pelo senso moral, pela probidade processual*" (MANUEL CAVALEIRO DE FERREIRA, *Curso de Processo Penal*, Vol.II, Lisboa, 1955, p.310, citando FLORIAN, *Prove Penali*, Vol.I, p.353).

[266] TERESA PIZARRO BELEZA, *Apontamentos de Direito Processual Penal*, AAFDL, 1992, pág.86.

[267] GIUSEPPE BETIOL repudia mesmo qualquer outro alcance da presunção de

Com efeito, o princípio da presunção de inocência tem um alcance maior do que o tradicional princípio *In Dubio Pro Reo*, que daquele parece fazer parte integrante, enquanto corolário. Na verdade, a presunção de inocência deverá ter surgido no intuito de assegurar um tratamento judiciário digno ao arguido, de modo a salvaguardar a dignidade do cidadão, quando injustamente acusado. Essa parece ter sido a sua origem histórica, no sentido de assegurar a necessária imparcialidade do julgador, que não fica impassível sempre que confrontado com uma acusação. A presunção de inocência visa, antes de mais, contrabalançar o peso negativo da acusação, tentando apagar a dúvida que desde logo surge no espírito de quem quer que seja receptor daquela, como garantia própria do sistema acusatório, em que se pretende o julgador como autoridade isenta.

Ora, transposto para o domínio do tratamento da prova enquanto *in dubio pro reo*, o princípio da presunção de inocência visa, por outro lado, assegurar a certeza da condenação, em prejuízo de uma absolvição segura[269]. Assim, enquanto garantia da própria racionalidade do Direito Penal – que fará afinal prevalecer o *ius puniendi* do Estado sobre o *ius libertatis* do cidadão fundada e criteriosamente – será sempre preferível absolver um culpado que culpabilizar um inocente[270].

Porém, até há bem poucos séculos atrás, o processo penal de tipo inquisitório era a realidade mais frequente no mundo ocidental. Vários foram os regimes totalitários que permitiram condenações sob meras acusações, denúncias ou indícios vagos do cometimento de um crime, porque o processo penal exigia do arguido a prova da sua inocência. O processo penal desenvolvia-se, então, na base de um *favor sociaetate*

---

inocência que não recaia exclusivamente no âmbito da problemática da prova e do ónus da prova, *apud Scritti Giuridici*, T.II, Pádua, Cevam, 1966, pp.307 ss.

[268] Também neste sentido, GIUSEPPE BETTIOL, *La Regola 'In Dubio Pro Reo' nel Diritto e nel Processo Penale*, "Rivista di Diritto Penale", 1937, pp.11 ss.

[269] Nas palavras de MANUEL CAVALEIRO DE FERREIRA: "*A solução jurídica e moral só pode ser uma: deve aceitar-se o risco de absolvição do culpado, e nunca o da condenação do inocente*" (*Curso de Processo Penal*, Vol.II, Lisboa, 1955, p.311).

[270] Neste sentido, que aliás é unânime entre os processualistas penais, reiterando o pensamento expresso na nota anterior, também BETTIOL explicita o seu pensamento ao afirmar que: "(...) *a balança deve inclinar-se a favor deste último (o "ius libertatis"), se se quer assistir ao triunfo da Liberdade*" (*Instituições de Direito e de Processo Penal*, Coimbra Editora, 1974, pp.295 ss.).

que se baseava, desde logo, na presunção de culpabilidade do arguido. Este, por sua vez, nem sempre conseguia provar a falta de fundamento das acusações, pelo que eram pacificamente aceites as mais iníquas condenações[271].

A origem da presunção de inocência parece estar intimamente relacionada com os ideais da Revolução Francesa, nomeadamente com a defesa da individualidade perante a omnipotência do Estado, em que facilmente se sobrevalorizava o interesse colectivo, em prejuízo da liberdade individual. Assim, na procura de instrumentos jurídicos que limitassem o poder punitivo do Estado, à presunção de culpa haveria de suceder a presunção de inocência.

Esta mudança viria a repercutir-se na estrutura do próprio processo penal que, construído sobre a necessidade de proteger o arguido pela presunção de inocência, gradualmente tem vindo a abandonar o sistema inquisitório[272].

Da presunção de inocência, surge mais tarde o princípio probatório *In Dubio Pro Reo*, com especial incidência nas questões da prova[273], quer sejam a da ordem da produção da prova, da distribuição do respectivo ónus ou mesmo do próprio juízo da *quaestio facti*[274]. Assim, desde logo terão de ser rejeitadas todas construções que permitam a presunção da culpa do arguido, enquanto elemento integrante da noção de crime, nomeadamente decorrentes da sistematização das causas de exclusão da culpa constantes do Código Penal. Aliás, qualquer entendimento em contrário, não só desvirtua o alcance legal da presunção de inocência, como recupera ilegiti-

---

[271] Para uma visão histórica sobre o princípio da presunção de inocência, embora de forma muito sucinta, *vide* J. SOUTO DE MOURA em *A Questão da Presunção de Inocência do Arguido*, RMP, n.º 42, 1990, pp.31-47.

[272] Para aprofundamentos sobre o alcance da evolução do sistema inquisitório para o acusatório, vide, entre muitos, FIGUEIREDO DIAS, *Direito Processual Penal*, Vol.I, Coimbra, 1974, pp.62 ss., EDUARDO CORREIA, *Les Preuves en Droit Pénal Portugais*, "Revista de Direito e Estudos Sociais", ano XIV, 1967, pp.9 ss., FRANCO CORDERO, *Linee di un Processo Accusatorio*, "Juristische Schulung", 1964, pp.138 ss.

[273] No sentido de que o princípio *In Dubio Pro Reo* é um princípio de prova, também já tomou partido o próprio STJ, nomeadamente em Acórdão do STJ de 6 de Março de 1997, Proc.n.º 1272/96 – 3ª Secção; Acórdão do STJ de 6 de Março de 1997, Proc. n.º 1448/96 – 3ª Secção; Acórdão do STJ de 13 de Março de 1997, Proc.n.º 2/97 – 3ª Secção.

[274] Neste sentido, ainda GIUSEPPE BETTIOL, *La Regola 'In Dubio Pro Reo' nel Diritto e nel Processo Penale*, "Rivista di Diritto Penale", 1937.

mamente as tradições inquisitórias, há muito rejeitadas pela própria lei constitucional[275].

Tal não significa que não existam limitações reais na aplicação prática da presunção de inocência. Em bom rigor, o juiz de julgamento olha para o arguido, após ter consultado e estudado os autos, já com uma convicção interior, certamente sendo mais provável que seja idêntica à dos demais magistrados que já intervieram no processo[276]. Tanto assim que é um facto que: *"Tal como a crescente convicção sobre a culpabilidade do acusado, a crescente parcialidade do juiz é um fenómeno dinâmico. E quanto mais avança o discurso em direcção à condenação tanto mais o juiz será parcial. Este tipo de 'parcialidade' não pode tomar-se como constituindo sem mais um motivo para afastamento do juiz, pois é uma consequência inevitável do processo de convicção"* [277].

No entanto, se não é possível refutar-se o sentido instintivo que pode assumir a formação da convicção no íntimo do julgador, por mais anti--jurídico que pudesse ser considerado por alguns, pelo contrário não pode aceitar-se qualquer, presunção de culpa, tal como de culpabilidade.

Certos autores, têm mesmo uma visão peculiar do conteúdo da presunção de inocência, como MANZINI[278], que esteve por detrás da formu-

---

[275] Note-se que o sistema inquisitório que vigorou durante séculos em toda a Europa Ocidental, era favorecedor de toda a espécie de despotismos por parte do julgador, precisamente em virtude de estabelecer aprioristicamente a presunção de culpa do arguido, que por sua vez deveria provar a sua inocência. Assim, *"com efeito, quantas vítimas não terão sucumbido por um causal concurso de circunstâncias, que a prevenção primeiro chamou presunções, e depois erigiu em provas concludentes!"* (CAETANO PEREIRA E SOUSA, *Primeiras Linhas Sobre o Processo Criminal*, Lisboa, 1831, p.124). Para aprofundamentos, *vide*, entre muitos, EDUARDO CORREIA, *Les Preuves en Droit Pénal Portugais*, "Revista de Direito e Estudos Sociais", ano XIV, 1967, pp.9 ss, e JOSÉ ANTÓNIO BARREIROS, *Processo Penal*, Almedina, Coimbra, 1981, pp.49 ss.

[276] Como realçou CARNELUTTI, a justiça humana é de tal modo precária que, não só faz sofrer as pessoas depois de condenadas, como as faz sofrer para saber se hão-de ser condenadas (citado por J. SOUTO DE MOURA em *A Questão da Presunção de Inocência do Arguido*, RMP, n.º 42, 1990, p.35)

[277] *Apud* WINFRIED HASSEMER, em *Fundamentos del Derecho Penal*, Barcelona, Bosch, 1981, p.200.

[278] MANZINI não concorda com uma concepção amplíssima da presunção de inocência, argumentando que deve a lei reconhecer que *"o não se estar certo da culpa duma pessoa indiciada significa necessariamente duvidar da sua inocência"*.

lação actual do princípio da presunção de inocência na Constituição Italiana, que no seu artigo 27.º reza: "*O arguido não é considerado culpado antes da sentença definitiva de condenação*"[279].

Esta formulação da presunção de inocência, feita sob um prisma negativo e inócua sob um olhar desatento, é no entanto bastante mais restritiva do que se possa imaginar, uma vez que, em bom rigor, dá cobertura a uma possível presunção de culpa – embora não definitivamente eficaz – desde o próprio momento em que se iniciam os autos do processo penal.

Bem pelo contrário, atente-se na formulação muito mais ampla patente na Constituição portuguesa: "*Todo o arguido se presume inocente(...)*". Consequentemente, qualquer facto não provado, ou provado insuficientemente, nunca poderá ser valorado em prejuízo do arguido, uma vez que "*um 'non liquet' na questão da prova (...) tem de ser sempre valorado a favor do arguido. É com este sentido e conteúdo que se afirma o princípio 'in dubio pro reu'*"[280].

Neste sentido, defendem alguns autores que existe um *ónus material de prova*[281], isto é a obrigação de provar os factos incriminadores, e que tal ónus impende sempre sobre o sujeito processual que alega factos desfavoráveis ao interesse do arguido. Só o arguido não tem aquele *onus probandi*, excepto, logicamente, quando está em causa a contra-prova, contudo sempre em momento subsequente à prova originária.

Mesmo no caso da contra-prova por parte do arguido, esta só deverá ser necessária quando já esteja estabelecida a prova segura da sua culpabilidade, uma vez que, para efeitos da presunção de inocência, deve equiparar-se a insuficiência ou incerteza da prova à sua total ausência, que conduz à absolvição[282].

---

[279] No original de MANZINI: "*L'imputato non è considerato colpevole sino alla condanna definitiva*" (vide J. SOUTO DE MOURA em A Questão da Presunção de Inocência do Arguido, RMP, n.º 42, 1990, p 34).

[280] JORGE DE FIGUEIREDO DIAS, *Direito Processual Penal*, Coimbra, 1974, vol.I, pág.213.

[281] V.g. MANUEL CAVALEIRO DE FERREIRA, em *Curso de Processo Penal*, Vol.II, Lisboa, 1955, pp.307 ss., E. BELING, HIPPEL, ORBANEJA-QUEMADA, entre outros, já de acordo com J. FIGUEIREDO DIAS em *Direito Processual Penal*, Coimbra, 1974, vol.I, pp.212.

[282] De acordo com MANUEL CAVALEIRO DE FERREIRA, em *Curso de Processo Penal*, Vol.II, Lisboa, 1955, pp.310-311.

Mais se acrescente que atentar contra a necessidade da prova da culpa do arguido, no sentido de dela se desonerar a acusação, equivale a atentar contra a regra constitucional da presunção de inocência. Neste sentido, qualquer presunção de culpa penal é inconstitucional, mesmo para quem não assumisse o carácter constitucional do princípio da culpa. Acresce que, por consequência ainda do princípio da presunção de inocência e do respectivo corolário *in dubio pro reo*, deverá assumir-se o direito à fundamentação da sentença, quanto a toda e qualquer questão-de-facto[283].

*Maxime*, e no caso vertente, o direito à fundamentação da prova da culpa, pela enunciação dos elementos probatórios considerados e da respectiva apreciação.

Em suma, pode afirmar-se que o arguido não tem que provar a sua inocência até que esteja provada a sua culpa, elemento último da infracção penal, em obediência ao aforismo *Ei incumbit probatio qui dicit non qui negat*. Acrescente-se ainda que a presunção de inocência, enquanto regra constitucional, também há de ser entendida como injunção dirigida ao legislador[284] comum para que não possa consagrar legitimamente qualquer modelo legal presuntivo de culpa.

Daqui surge, como conclusão final necessária, a segurança de que não incumbe ao arguido, para um juízo negativo, provar as circunstâncias de preenchimento de uma causa de exclusão da culpa, enquanto não estiver provada, por um prisma positivo, a sua própria culpa.

Acresce que, seguramente, a amplitude da consagração constitucional da presunção de inocência no nosso sistema jurídico, implica que não só a dúvida sobre a culpabilidade do agente determine a sua absolvição, bem como também a mera dúvida sobre a existência de factos impeditivos – como no caso das causas de exclusão da culpa – há de determinar igual decisão[285]. Tanto mais que "*a persistência de dúvida razoável após a pro-*

---

[283] Em igual sentido, CRISTINA LÍBANO MONTEIRO, *Perigosidade de Inimputáveis e 'In Dubio Pro Reo'*, "Stvdia Ivridica", 24, Coimbra, 1997, p.79.

[284] Neste exacto sentido, também as conclusões finais de J. SOUTO DE MOURA em *A Questão da Presunção de Inocência do Arguido*, RMP, n.º 42, 1990, p.47.

[285] Neste sentido, também MANUEL CAVALEIRO DE FERREIRA, *Curso de Processo Penal*, Vol.II, Lisboa, 1955, pp.312-313, afirmando mesmo que "*a opinião contrária é ainda fruto duma ilegítima extensão das regras civilísticas ao processo penal. E o problema é prenhe de importância prática, porque os casos de incerteza sobre a existência, v.g., de causas de justificação, são bastante frequentes*".

*dução da prova tem de actuar em sentido favorável ao arguido e, por conseguinte, conduzir à consequência imposta no caso de se ter logrado a prova completa das circunstâncias favoráveis ao arguido*"[286], ou seja, a absolvição[287].

Ora, partindo de uma noção restrita de culpa como momento sistemático de análise da responsabilidade criminal, é afinal a própria lei (quer a adjectiva quer a substantiva!) que impõe a sua apreciação concreta, sem todavia definir exactamente o que há de entender-se por culpa[288]. Pela colocação do problema da prova da culpa, coloca-se igualmente, como pano de fundo contextual, a verdadeira *quaestio* da articulação efectiva das exigências do Direito Penal com as regras do Direito Processual Penal.

Neste âmbito, se ao conceito de culpa penal corresponde um significado processual, designadamente um significado próprio no mundo dos factos, a sua existência, em termos processuais, só poderá ser afirmada e sustentada por meio da competente prova dos factos a que corresponda, de acordo com o velho aforismo *da mihi factum, dabo tibi jus*[289].

Tal como um facto não provado, *a culpa não provada deverá ter-se por processualmente inexistente*, sendo certo que é um pressuposto da responsabilidade penal. Aliás, no mesmo sentido em que qualquer categoria da Teoria Geral da Infracção deverá ser sujeita à comprovação probatória fáctica, já que toda a categoria dogmática penal necessária à punição efectiva deve reportar-se ao mundo dos factos. Conclusão incontestável em face do n.º 1 do artigo 124.º do Código de Processo Penal.

---

[286] JORGE DE FIGUEIREDO DIAS, *Direito Processual Penal*, Coimbra, 1974, vol.I, pág.213.

[287] Em resposta às inúmeras consequências do princípio *In Dubio Pro Reo*, no sentido de sistematicamente favorecerem o arguido, ainda que este seja mesmo culpado, já vozes se levantam em defesa de uma reformulação crítica deste princípio, como WINFRIED HASSEMER, em *La Ciencia Juridico Penal en la Republica Federal Alemana*, apud "Anuario de Derecho Penal y Ciencias Penales", tomo XLVI, F.I, 1993, pp.77 ss.

[288] Nomeadamente na alínea c) do n.º 2 do artigo 368.º do Código de Processo Penal, e também no n.º 1 do artigo 71.º do Código Penal.

[289] Note-se que a operação de subsunção dos factos à norma jurídica ("*distinguir se algo cai debaixo de uma lei dada (casus data legis) ou não*", de acordo com IMMANUEL KANT, em "*Kritik der Reinen Vernunft*", 2ª ed., 1787, pág.171) reveste-se no Direito Penal de particular sensibilidade, uma vez que o simples enquadramento num tipo incriminador não permite a imediata subsunção à norma penal, em termos de gerar por si só a responsabilização do agente (por todos, J. SOUSA BRITO *Sentido e Valor da Análise do Crime*, em "Textos de Apoio de Direito Penal I", tomo I, AAFDL, 1983/84).

De resto, se é verdade que "*não há pena sem Culpa (vide artigo2.º do Projecto Eduardo Correia de 1963)*"[290], também o deverá ser que não há prova do crime sem prova da culpa. Razões pelas quais nos parece assente que deverá ser processualmente necessário provar a culpa do agente a fim de poder ser sancionado o seu comportamento, sobretudo nas situações de crime negligente, sem o que se esvaziará totalmente de conteúdo do próprio juízo de censurabilidade ética.

---

[290] J. FIGUEIREDO DIAS, citando em *Direito Processual Penal*, Vol.I, Coimbra, 1974, p.217.

# CONCLUSÃO: CULPA E CRIME NEGLIGENTE

## I. Funções Processuais da Culpa no Crime Negligente

A aferição da culpa do agente corresponde hoje, como vimos nos capítulos iniciais deste livro, ao momento valorativo, ético e axiomático, posterior ao da constatação da ilicitude típica e prévio à aplicação da lei criminal. Juízo de censurabilidade esse que constitui, materialmente, o último patamar da imputação da responsabilidade penal ao agente. A importância primordial da culpa no Direito penal, nomeadamente enquanto princípio fundamentador da pena, é finalmente evidente no preciso momento, processual, de determinação do *quantum* da responsabilidade penal que, em concreto, há de caber ao agente do crime[291].

De facto, é possivelmente no domínio da determinação da medida concreta da pena que, do muito já se disse acerca da culpa enquanto princípio legitimador da existência do próprio Direito Penal, se extraiem as mais visíveis consequências práticas no processo penal.

Sendo o Direito Penal um sistema normativo de conteúdo ético, em que a censura do acto praticado se traduz na pena aplicada, será a medida da censurabilidade um critério imprescindível para a determinação da medida da pena.

Assim, a medida da culpa condiciona a medida da pena, como bem revelam as palavras de J. FIGUEIREDO DIAS: *"Todo o direito penal há-de ser um direito penal de culpa, no sentido de que esta constitui, se não necessariamente o pressuposto e o fundamento, ao menos o limite da pena e da sua medida."*; *"O juiz, ao emitir o juízo de culpa ou ao medir a pena,..."*; *"A medida desta desconformação constituirá a medida da cen-*

---

[291] Para uma visão histórica e dogmática sobre o assunto, *vide*, especialmente, JOSÉ DE SOUSA E BRITO, *A Medida da Pena no Novo Código Penal, apud* "Estudos em Homenagem ao Prof. Doutor Eduardo Correia", Vol.III, Coimbra, BFDUC, 1984

*sura penal que ao delinquente deve ser feita e, assim, o critério essencial da medida da pena."*[292]

E se é verdade que à culpa cabe a função de assegurar o *substracto ético da pena*, não é menos verdade que, em virtude dessa relação, a medida exacta da pena deve corresponder então à medida exacta da culpa, por mais difícil que seja quantificar esta última[293], sem prejuízo da sua redução efectiva em obediência às finalidades da pena.

Na verdade, o processo penal não pode passar sem a culpa, porquanto, chegados ao momentos final daquele, uma vez encontrada e estabelecida a culpabilidade do agente, serão os elementos integrantes da culpa os que fornecerão o critério material determinador da medida da pena correspondente, dentro da moldura penal a que corresponda o crime cometido.

E se, por um lado, para aparente desempenho da mencionada função de legitimação do Direito Penal, a lei substantiva se pode eventualmente bastar com um conceito formal de culpa, como acima ficou explicitado, por outro lado e pelo contrário, ao nível do processo penal, em virtude das próprias exigências da lei substantiva e processual, para desempenho da função de determinação da pena concretamente aplicada ao agente, a culpa deve ser criteriosamente analisada e reportada a factos e circunstâncias.

Portanto, para a determinação da medida concreta da pena, só *uma culpa baseada em factos objectivos* pode ter alguma utilidade, pelo que aqui estamos num domínio privilegiado para a constatação última da necessidade de se fazer a prova da culpa do agente, porquanto, sem a mesma deverá ser de todo inviável a concretização da pena.

Aliás, a importância material desta relação – entre a culpa e a medida concreta da pena – foi desde logo assinalada por EDUARDO CORREIA no seu Projecto de 1963, consagrando-a expressa e conjuntamente com o princípio da culpa, enunciado com dignidade de ser o respectivo artigo 2.º[294], reforçando aquela relação ainda com os respectivos artigos 85.º e 87.º.

---

[292] *Apud Liberdade, Culpa, Direito Penal*, Coimbra, 1976, pp.14 e 217.

[293] Quanto à possível incomensurabilidade da culpa, *vide* as observações de JOSÉ OSÓRIO nas *Actas das Sessões da Comissão Revisora do Código Penal* (1966), Parte Geral, Vol.I, Lisboa, AAFDL.

[294] *Vide* a discussão em torno do mesmo nas *Actas das Sessões da Comissão Revisora do Código Penal, Parte Geral* (1966), Vol.I, Lisboa, AAFDL, pp.52 ss.

Tal relação veio a ser taxativa e definitivamente consagrada na lei, mas apenas após a revisão de 1995, com a redacção do actual artigo 40.º do Código Penal, em cujo número 2 se consagrou que: *em caso algum a pena pode ultrapassar a medida da culpa*. Esta equiparação legal, ainda que limitada, entre medida da culpa e medida da pena, reflecte-se ainda na regra exarada no n.º 3 do mesmo preceito, direccionada para o caso dos agentes inimputáveis (e assim incapazes de culpa), onde a perigosidade do agente (em lugar da culpa) se assume então como fundamento da correspondente medida de segurança (em lugar da pena), somada obviamente à prática de actos correspondentes a um tipo-de-ilícito criminal.

Assim, os elementos da culpa são afinal os que deverão presidir à ponderação da medida concreta da pena, havendo mesmo quem, engrandecendo a incidência da culpa neste domínio, chegue a afirmar que todas as *"causas de medida da pena sem relação com a culpa violam o princípio da culpa"*[295].

Ora, a questão da culpa como fundamento da pena e como critério da determinação da sua medida concreta assume ainda maior significado no âmbito próprio dos crime negligentes. Isto, porque as finalidades da pena pouco (ou nenhum) significado alcançarão em face do agente que praticou um crime negligente como acidente de percurso na sua vida (Prevenção Especial) e mesmo em face da comunidade para a qual seja necessário enviar sinais no sentido de evitar as condutas negligentes em geral (Prevenção Geral).

Mas colocando momentaneamente de parte as questões relativas às finalidades da pena[296] e às finalidades da execução da pena[297], por extra-

---

[295] JOSÉ DE SOUSA E BRITO, *Sentido e Valor da Análise do Crime*, apud "Textos de Apoio de Direito Penal, Lisboa, AAFDL, 1983/84, p.87, nota (36).

[296] De acordo com o n.º 1 do artigo 40.º do Código Penal: *"A aplicação de penas e de medidas de segurança visa a protecção de bens jurídicos e a reintegração do agente na sociedade"*.

[297] Estas últimas definidas no novíssimo Código da Execução das Penas e Medidas Privativas da Liberdade (aprovado pela Lei n.º 115/2009 de 12 de Outubro), nomeadamente no n.º 1 do seu artigo 1.º, onde se consagrou que a execução da pena *"visa a reinserção do agente na sociedade, preparando-o para conduzir a sua vida de modo responsável, sem cometer crimes, a protecção de bens jurídicos e a defesa da sociedade"*.

polarem visivelmente o âmbito deste estudo[298], podemos então concluir que as funções processuais da culpa se traduzem na fundamentação da pena, por um lado, e na própria escolha e determinação da medida concreta da mesma. O *modus* de determinação da medida concreta da pena depende da ponderação dos elementos de facto relativos à culpa, seguindo a própria sistemática legal, construída sobre a base doutrinária da lição de EDUARDO CORREIA[299], entre outros[300].

De onde, claramente os elementos de facto relativos à culpa deverão repercutir-se na medida concreta da pena[301].

Isto é, face à prova produzida em audiência, tendo o juiz formado a convicção da prática do ilícito típico, ele terá de procurar o grau da censurabilidade não discricionariamente, mas sim nos factos que consubstanciam a culpa do agente, conjugando quer os elementos subjectivos quer os elementos objectivos – provados, a fim de obedecer ao enunciado de que *"Sendo pressuposto e fundamento de responsabilidade, deve ser também a sua medida; não é a maior responsabilidade que determina maior culpa, mas a maior culpa que deve determinar maior responsabilidade"*[302].

Este entendimento constitui, aliás, jurisprudência assente do STJ, a qual estabeleceu a culpa como fundamento e limite inultrapassável da medida da pena[303], em obediência ao conceito doutrinário de um Direito Penal da Culpa.

Em termos processuais, sendo a culpa fundamento da pena e critério da escolha da pena e da determinação da medida concreta da mesma, tal implicará o respeito pela necessárias operações de exagese.

---

[298] Não resistimos, porém, de fazer aqui referência às inegáveis limitações práticas desta questão, patenteadas por T. PIZARRO BELEZA, *O Mito da Recuperação do Delinquente no Discurso Punitivo do Código Penal de 1982*, Revista do Ministério Público, n.º 16, 1983, pp.16 ss.

[299] Neste particular, em *Direito Criminal*, vol.II, pp.315 ss.

[300] Como, por todos, M. CAVALEIRO DE FERREIRA, *Direito Penal*, 1961, vol.II, pp.278 ss.

[301] Neste exacto sentido, também A. ROBALO CORDEIRO, *Escolha e Medida da Pena*, em "Jornadas de Direito Criminal – O Novo Código Penal Português e Legislação Complementar", CEJ, 1983, pp.259 ss.

[302] MANUEL CAVALEIRO DE FERREIRA, *Lições de Direito Penal*, Vol.I, Verbo, 1992, p.260.

[303] Neste sentido, entre muitíssimos, Acórdão do STJ de 6 de Fevereiro de 1997, Proc.n.º 665/96 – 3ª Secção e Acórdão do STJ de 13 de Março de 1997, Proc. n.º 1155/96 – 3ª Secção.

De onde resulta que a categoria legal da culpa não pode deixar de implicar as correspondentes *manifestações no processo penal (maxime* na condenação judicial e na escolha e determinação da pena aplicada), uma vez que o Direito Processual Penal se encontra sujeito ao Direito Material. numa relação de dependência funcional.

Com efeito, *"O Direito processual é instrumental e acessório em relação ao Direito substantivo"*[304], no sentido em que aquele visa apenas possibilitar o cumprimento das finalidades deste último. Sendo o Direito Processual Penal o sistema normativo que pauta a aplicação do Direito Penal ao caso concreto, logo, enquanto sua expressão adjectiva, o processo penal terá de sujeitar-se igualmente ao sistema e à dogmática jurídico--penal[305].

É aliás um decorrência da concepção de um todo constitutivo e coerente do sistema penal, onde Processo Penal e Direito Penal se integram harmoniosamente, a par ainda das instâncias criminais[306].

O Direito Penal não pode aplicar-se sem processo[307], nem está na disposição das partes[308] e, por isso, realiza-se exclusivamente através da

---

[304] Apud KARL ENGISCH, *Introdução ao Pensamento Jurídico*, 1977 (traduzido para português por J. BAPTISTA MACHADO, Fundação Calouste Gulbenkian, 6ª edição, Lisboa, p.141).

[305] O que não prejudica a existência de fortes obstáculos na concretização processual de certos ditames da lei penal substantiva, como pretende J. ANTÓNIO BARREIROS, em *Os Novos Critérios Penais: Liberalismo Substantivo, Autoridade Processual?*, Revista do Ministério Público, n.º 14, 1983, pp.53-76.

[306] Já assim em FRANCISCO DUARTE NAZARETH, *Elementos do Processo Criminal*, 7ª edição, Coimbra, 1886, p.1, ao afirmar: *"O direito criminal é o systema, ou complexo de leis relativas aos delictos e penas; e ao modo de executar a lei penal (...) Divide-se em duas partes – o direito penal – e o processo. O direito penal determina as violações do direito a que deve ser infligida uma pena, e egualmente a pena que corresponde a cada uma d'ellas. O processo determina as regras e fórmas de applicar a penalidade"*, citando ainda BASÍLIO ALBERTO, *Lições de Direito Criminal* §1 e RAUTER, *Traité du Droit Criminel*, Cap.1 § 1; também em LUÍS OSÓRIO DA GAMA E CASTRO DE OLIVEIRA BAPTISTA, *Notas ao Código Penal Português*, 2ª ed., Coimbra, 1923, p.1: *"O direito penal divide-se em: direito penal propriamente dito, substantivo ou material e direito penal processual adjectivo ou formal"*.

[307] Regra desde logo enunciada no artigo 32.º da Constituição da República Portuguesa.

[308] No ordenamento jurídico português não faz qualquer sentido falar-se numa autonomia privada quanto ao sistema jurídico-penal, no entanto, em outros ordenamentos como no norte-americano, figuras como a *plea negotiation* ou *plea bargainig* subvertem

própria actividade jurisdicional[309]. Assim, se a aplicação da lei penal obedece aos seus próprios princípios, também a actividade jurisdicional deverá respeitá-los.

---

os princípios básicos do Direito Penal, apelando à ideia de disponibilidade do arguido e da entidade acusatória (*prosecutor*) quanto ao objecto do processo penal. No entanto, nem mesmo nestes ordenamentos se pode considerar que exista uma verdadeira autonomia privada no domínio penal porquanto, desde logo, o dever de punir decorre sempre da estatuição da lei e não da estipulação das partes.para maiores desenvolvimentos, vide, entre outros, J. GASPER, *Reformers versus Abolitionists: Some Notes for Further Research on Plea Bargaining*, "Law & Society Review", Nova Iorque, 1979, pp.567 ss. e H. DIELMANN, *'Guilty Plea' und 'Plea Bargaining' im amerikannischen Strafverfahren – Moglichkeiten fur den Deutschen Strafprozess*, "Goltdammer's Archiv fur Strafrecht", 1981, pp.558 ss.. Entre nós, e de forma sumária, J. FIGUEIREDO DIAS e M. COSTA ANDRADE, *Criminologia, O Homem Delinquente e a Sociedade Criminógena*, Coimbra, 1992, pp.483 ss.. Todavia, deverá registar-se que o próprio ordenamento jurídico português começa a abrir comportas à técnica do *plea negotiation*, em obediência a princípios de eficácia, nem sempre compatíveis com o carácter eminentemente ético do Direito Penal. Tanto assim que, no âmbito da legislação de combate à droga, designadamente no art. 31.º do D-L n.º 15/93 de 22 de Janeiro de 1993, consagram-se casos de dispensa ou atenuação da pena para os delinquentes que, entre outras atitudes, auxiliem *"concretamente as autoridades na recolha de provas decisivas para a identificação ou a captura de outros responsáveis (...)"*, ainda que esteja já provada a acção típica, ilícita e culposa. Também no âmbito da recente legislação sobre a criminalidade fiscal, designadamente no art. 26.º do Regime Jurídico das Infracções Fiscais Não Aduaneiras (D-L n.º 20-A/90 de 15 de Janeiro de 1990, com a redacção conferida pelo D-L n.º 394/93 de 24 de Novembro), é colocado no poder do Ministério Público o poder de decidir pelo arquivamento do processo – na eventualidade da confissão do arguido e sua colaboração na descoberta da verdade – quando, com a concordância do juíz de instrução, se entendam satisfeitas as exigências de prevenção e se entenda não estar perante infracção de *"forte gravidade"*, ainda que haja uma acção típica, ilícita e culposa, provada sem margem para dúvidas.

[309] Na generalidade dos ordenamentos jurídicos ocidentais, a alternativa ao processo penal começa, de facto, a existir, diante da crescente possibilidade da negociação e da concertação entre entidade acusatória e arguido. Contudo, tal realidade não deixa de consistir apenas numa alternativa puramente eventual e nem sempre possível, já que nunca poderá vir substituir a actividade jurisdicional penal. Os acordos no processo penal retiram a formalidade ao processo, tornam-no mais célere e aumentam a capacidade da Justiça penal para a resolução de casos. Porém, sempre com prejuízo de um sem número de princípios jurídicos (alguns constitucionais), tais como o princípio da publicidade do processo, o princípio da legalidade, o princípio da igualdade, entre outros. Neste mesmo sentido, WINFRIED HASSEMER, *La Ciência Jurídico Penal en la República Federal Alemana, apud* "Anuario de Derecho Penal Y Ciencias Penales", tomo XLVI, F.I, 1993, pp.71 ss.

Como afirma CAVALEIRO DE FERREIRA, "(...) *o direito penal e o processo penal formam uma unidade. Aquele só se realiza mediante o processo. O melhor direito penal será uma sombra vã, se a sua aplicação processual não corresponder ao seu espírito. O direito penal e o processo penal devem por isso ajustar-se aos mesmos princípios.*"[310].

Portanto, todo o Direito e a actividade processuais penal têm por função servir os fins do Direito Penal e, logo assim, sujeitam-se forçosamente às orientações definidas por este.

De onde se extrai que, se a prova é o elemento vital do processo penal e se no processo penal se pretende determinar o(s) autor(es) e as circunstâncias da prática do crime, a prova terá obrigatoriamente que incidir sobre todos os elementos constitutivos do mesmo, sejam estes objectivos, subjectivos, circunstanciais, intelectuais ou volitivos.

Com efeito, é na unidade incindível dos factos no mundo causal, que há que discernir a verificação de todos os pressupostos da infracção penal: acção-típica-ilícita-culposa. Logo, todos os elementos constitutivos do crime terão de ser deduzidos de factos, do mundo causal.

Isto é, se, de acordo com a fundamentação dogmática do próprio Direito Penal, forçosamente todos os elementos constitutivos do crime, hão-de verificar-se em concreto para que possa ser desencadeada a responsabilidade penal, logo todos os elementos constitutivos da infracção têm que ser reportados a factos concretos.

Com efeito, este deve ser o cariz da complementaridade funcional do Processo Penal face ao Direito Penal substantivo, no sentido de uma relação de *complementaridade dogmática* que tenha incidências prácticas não apenas "de iure constituendo" num sistema processual idealizado, mas "de iure constituto", quer na simples interpretação da lei processual, quer na construção dos institutos processuais próprios[311].

De onde, todos aqueles factos concretos têm que ser objecto do devido tratamento processual. Designadamente, se no processo penal

---

[310] M. CAVALEIRO DE FERREIRA, *Curso de Processo Penal*, Vol.I, Lisboa, 1981, p.18.

[311] Precisamente no mesmo sentido, GIUSEPPE BETTIOL, utilizando critérios lógicos e teleológicos, em *Instituições de Direito e Processo Penal*, especialmente no capítulo sobre "Processo Penal e Dogmática Jurídica" (trad.portuguesa de M. COSTA ANDRADE, Coimbra, 1974, pp.215 ss.)

há-de fazer-se a prova do cometimento de um crime, então esta há-de incidir sobre todos os seus elementos, reportados ao mundo dos factos.

Neste sentido, também EDUARDO CORREIA afirma que *"Toda a construção jurídica, se quiser chegar a bom termo, não pode abstraír-se de que o direito e as suas relações se situam num plano que, por força do processo ideográfico da formação dos seus conceitos, se distingue do mundo das ciências da natureza; não deve esquecer que o crime, como fenómeno jurídico que é, só pode também compreender-se como produto da referência teorética a certos factos empíricos (...)"*[312].

---

[312] EDUARDO CORREIA, *A Teoria do Concurso em Direito Criminal*, Coimbra, Almedina, Reimpressão 1983, pp.327 ss.

## II. Escolha e Medida da Pena Adequada ao Crime Negligente

A proliferação dos tipos de ilícito criminais por legislação avulsa e a instrumentalização da incriminação de condutas sem desvalor ético acentuado – ou pelo menos que sejam assim consideradas de forma unânime pela comunidade[313] – são apenas manifestações do actual momento de *crise do conteúdo ético do Direito Penal*, que por muitos vem sendo assinalada. Cada vez mais se lança mão deste com fins meramente utilitários, sendo certo que em nome da salvaguarda da eticidade penal *"a reeacção penal não pode assentar em considerações utilitárias"*[314].

Como dissemos acima, é nosso convicto entendimento que o Crime Negligente carece de aprofundamento e aperfeiçoamento no terreno da Dogmática Penal. Desde logo, porque a configuração do tipo de ilícito cometido por negligência obedece a um complexo e imbricado conjunto de pressupostos e requisitos próprios, inteiramente diversos do tipo de ilícito doloso. Isto, não apenas em razão de uma diferente subsunção das condutas aos tipos penais previstos na lei, mas sobretudo porque a responsabilização penal pela prática de um Crime Negligente, em nosso entender:

a) coloca em causa vários dos aspectos que integram a categoria da Culpa Penal;
b) testa os limites do Princípio da Culpa no Direito Penal e do Princípio da Subsidariedade da Pena Privativa da Liberdade;

---

[313] Casos de ausência de um tal sentimento unânime evidenciam-se, aliás, na sujeição a referendo nacional da decisão de incriminar ou descriminalizar determinadas condutas.
[314] *Apud* J. OLIVEIRA ASCENSÃO, *Direito Penal de Autor*, Lisboa, Lex, 1993, p.15.

*c)* desvirtua – praticamente em todas as frentes, exceptuando talvez os casos de reincidentes em ilícitos de significativa dignidade penal – as finalidades da pena, tal como estas são entendidas no Ordenamento Jurídico Português actual.

Como também acabamos de referir neste capítulo, a questão da culpa como fundamento da pena e como critério da determinação da sua medida concreta assume maior significado no âmbito próprio dos crime negligentes, tendo em conta que a finalidade da pena pouco alcança em face do agente que actuou apenas de modo negligente, num dado caso que constitua um acidente de percurso na sua vida. Caso em que poderá não existir sequer utilidade da pena para servir os propósitos da Prevenção Especial e da Prevenção Geral. Tornando inteiramente perceptível esta nossa convicção, pensemos por exemplo no caso de um profissional de saúde que, no exercício da sua profissão e ao serviço de um hospital público, presta auxílio a um doente. Por erro de diagnóstico ou até por erro terapêutico, a sua conduta torna-se na causa da morte do doente. Pensemos até no caso de um erro grosseiro. Que fins servirá a aplicação da pena privativa da liberdade num caso como este? Que sentido fará integrá-lo na população prisional?

Entendemos que o *grau diminuto da Culpa* no crime praticado com mera negligência deverá *necessariamente ter reflexo na determinação da pena*, quer pela escolha da espécie da pena quer pela medida concreta da mesma pena. Tal como JESCHECK, entendemos que o acto a negligente só poderá ser justificativo (ou merecedor) de uma pena quando a insuficiente atenção aos deveres de cuidado advenha de graves a defeitos da atitude interior do agente, como a desconsideração pelos outros, a indiferença pelos bens jurídicos, numa situação que JESCHECK designa da fracasso funcional do sentimento valorativo[315]. Caso específico será, por exemplo, o do agente reincidente.

Ora, enquanto parte integrante do actual *Corpus Iuris* Penal, também a pena – e não apenas a incriminação – deverá sempre ser ponderada à luz das *noções limitativas de ordem geral relativas à intervenção punitiva do Estado sobre os membros da sua comunidade*, impostas desde logo pela

---

[315] HANS-HEINRICH JESCHECK, *Tratado de Derecho Penal Parte General*, Trad. Castelhano, Granada, 1993, pp.515.

hierarquia dos valores constitucionais e trazidas pela moderna doutrina penal, como sejam:

a) *a dignidade penal*[316] – categoria referenciada no princípio constitucional da necessidade e da intervenção mínima, de acordo com o qual a tipificação de um crime deve abranger somente aquelas condutas intoleravelmente lesivas (intolerabilidade da lesão), as quais, por sua vez, ofendam bens jurídicos essenciais à vida em sociedade (essencialidade do bem), assim pugnando pela exclusão das condutas meramente indesejáveis, designadas também por "bagatelas penais";

b) *a carência da tutela penal*[317] – categoria referenciada no mesmo princípio, que traduz a exigência constitucional de não ser prescrita uma tutela penal em todo e qualquer caso no qual outro ramo do Direito ofereça solução adequada, designadamente sem prever pena privativa da liberdade (necessidade da norma penal, *stricto sensu*), desta forma se convertendo o Direito Penal num sistema sancionatório de natureza subsidiária e residual.

Na medida em que também a finalidade da pena se relaciona com a culpa[318], além de fundada na culpa do agente a pena terá sempre, portanto, de justificar-se também na medida da sua *necessidade* – a necessidade da norma penal, traduzindo-se na necessidade concreta da aplicação de uma pena ao agente. Até porque há de ser unicamente a medida da censurabilidade do acto criminoso a única determinante da adequação da penas a qualquer dos seus fins[319].

Assim situados, vejamos em que medida a caracterização dogmática do crime negligente deverá manifestar-se na análise jurídica de cada caso concreto.

---

[316] Para um desenvolvimento desde conceito, enquanto *requisito negativo* da incriminação, *vide* MANUEL DA COSTA ANDRADE A Dignidade Penal e a Carência de Tutela Penal como Referências de uma Doutrina Teleológico-Racional do Crime, R.P.C.C., n.º 2, (1992), pp. 173 ss.

[317] Para um desenvolvimento deste conceito, enquanto *requisito positivo* da incriminação, *idem*.

[318] Desde logo nos termos do n.º 1 do artigo 71.º do Código Penal.

[319] Neste sentido, A. TAIPA DE CARVALHO defende que: "a pena determinada, fundamentalmente, segundo o critério material da culpa é aquela que apresentará, político-

Por via do princípio da Tipicidade Penal, efectivamente só quando exista uma incriminação expressa e individualizada para dada categoria de conduta prevista para ser cometida com negligência poderá o tribunal imputar a prática de um ilícito negligente ao agente. Esta operação não é imune às consequências da formulação da categoria penal da acção, por via da qual se excluirão à partida os factos em que o agente não chegou a auto-determinar a sua actuação. Situemo-nos pois apenas no interior da esfera de protecção da norma típica, ou seja quando a acção negligente é já propriamente uma actuação humana, determinada de forma livre (num sentido ontológico) pelo sujeito.

Partindo de um dado tipo de ilícito negligente, e porque o crime negligente é um crime de resultado onde ao (diminuto) desvalor da acção se somará o desvalor de um dado resultado típico, o julgador deverá, por meio dos necessários juízos de facto e de direito, aferir da verificação dos citados pressupostos gerais da responsabilidade negligente, assim como dos citados requisitos gerais:

a) a *existência de deveres de cuidado*, ao cumprimento dos quais esteja o agente individualmente obrigado (dado normativo), averiguando da *espécie* dos deveres de cuidado em concreto e da aferição da sua *medida*;

b) a *desatenção ou quebra dos mesmos deveres de cuidado* (dado objectivo), reportada ao caso concreto e com reflexo determinante na causa do resultado típico;

c) a *exigibilidade do cumprimento dos deveres de cuidado*, reportada às circunstâncias do caso concreto e segundo a medida do poder individual do agente (exigibilidade individual concreta);

d) o nexo de causalidade adequada entre a conduta do agente e o resultado típico, adstrito à *previsibilidade comum da ocorrência do resultado*, sem a qual não poderá estabelecer-se um nexo entre a causa adequada e o efeito e levando em conta os *aspectos*

-criminalmente, com mais virtualidades de eficácia. Advirta-se: eficaz não tanto do ponto de vista preventivo-geral de intimidação (e diga-se, entre parêntesis, sentido que a pena sempre haverá de ter, sob pena de escamotearmos uma realidade psico-sociológica evidente e conatural ao homem) como, especialmente, no âmbito da prevenção positiva de integração e, porventura, mesmo no aspecto da própria exigência da prevenção especial" (apud Condicionalidade Sócio-Cultural do Direito Penal, Coimbra, 1985, pp.101-102.

*especiais da causalidade* nos crimes negligentes, como o da influência decisiva da violação dos deveres de cuidado por parte do agente naquele nexo de causalidade e os requisitos especiais da imputação de resultados por omissão[320];

e) a verificação objectiva do resultado típico;

f) os elementos resultantes da categoria legal da negligência, nomeadamente constantes das duas alíneas do artigo15.º do Código Penal;

g) e os demais elementos objectivos (ou externos ao agente) que sejam consagrados em cada tipo de ilícito individualizado.

Daqui, e por forma a completar o enquadramento típico da acção negligente, deverá o tribunal orientar-se para a determinação da *intensidade da negligência* – ainda quando não seja para tal solicitado expressamente pelo tipo, como na situação em que o legislador prevê a negligência grosseira e lhe faz corresponder uma diferente moldura penal abstracta – em virtude da exigência feita na alínea b) do n.º 2 do artigo 71.º do Código Penal, podendo para tanto situar-se nos clássicos graus de *culpa* (no sentido civilista de negligência, por oposição ao dolo) *lata*, *levis* e *levissima*, como referimos.

Estabelecida em toda a sua amplitude a ilicitude do facto, deverá então o tribunal proceder ao momento valorativo, ético e axiomático, posterior ao da constatação da ilicitude típica e prévio à aplicação da lei criminal. Como última sindicância material do juízo reprovativo da ordem jurídica, aferir da culpa do agente deverá – no mesmo sentido em que qualquer categoria da Teoria Geral da Infracção – depender ainda da necessária comprovação probatória e fáctica, já que toda a categoria dogmática penal deve reportar-se ao mundo dos factos. Na busca deste conteúdo próprio do juízo de censurabilidade ética – onde a capacidade de culpa do agente e as causas taxativas de exclusão da culpa deverão ser meros instrumentos – poderá o julgador servir-se, entre outros, dos factores indica-

---

[320] Como impõe o n.º 2 do artigo 10.º do Código Penal, ainda que o agente tenha sido negligente no seu modo de actuar e assim haja causado um determinado resultado típico, sendo essa negligência manifestada em algo que não fez e deveria ter feito (omissão), ele só poderá ser punido criminalmente se sobre ele recair um dever jurídico específico que pessoalmente já o obrigasse a evitar aquele resultado

dos na lei como justificativos da própria medida da pena, nos artigos 71.º e 72.º do próprio Código Penal.

Todavia, caracterizada a culpa do agente e perante o todo analítico do crime negligente, deve o julgador debruçar-se previamente sobre a Escolha da Pena, respeitando desde logo a regra do artigo 70.º do Código Penal, onde se dispõe: *Se ao crime forem aplicáveis, em alternativa, pena privativa e pena não privativa da liberdade, o tribunal dá preferência à segunda sempre que esta realizar de forma adequada e suficiente as finalidades da punição*.

De onde, asseguradas que possam ser as finalidades da pena por qualquer outro modo que não por via de uma pena privativa da liberdade, deverá o tribunal eleger sempre outra espécie de pena. O que, no caso do crime negligente, deverá ter ainda maior significado, já que o *grau diminuto da Culpa* no crime praticado com mera negligência deverá *necessariamente ter reflexo na determinação da pena*, quer pela escolha da espécie da pena quer pela medida concreta da mesma.

Quanto à medida da pena, dentro da moldura penal abstracta prevista para o tipo-de-ilícito respectivo, prevê o n.º 1 do artigo 71.º do Código Penal que a determinação da medida da pena se faça *em função da culpa do agente*, e também em função das exigências de prevenção. E no n.º 2 do mesmo preceito *impõe que o tribunal atenda a todas as circunstâncias que, não fazendo parte do tipo de crime*, depuserem a favor do agente ou contra ele, elencando, nas suas alíneas, diversos factores que se fundamentam, entre outras, em questões de culpa (juízo de censurabilidade)[321], como sejam os fins ou motivos determinantes da conduta criminosa, os sentimentos revelados no facto, as condições pessoais do agente, as condutas anteriores e posteriores ao facto, entre outros.

Em reforço desta função processual da culpa, na determinação da pena aplicável, também o artigo 72.º do Código Penal impõe que o tribunal *atenue especialmente a pena quando existirem circunstâncias anteriores ou posteriores ao crime, ou contemporâneas dele, que diminuam por forma acentuada a culpa do agente*, a par da ilicitude do facto e da necessidade da pena. Para o que se elenca no n.º 2 deste preceito, mais uma vez,

---

[321] Neste exacto sentido, A. ROBALO CORDEIRO, Escolha e Medida da Pena, em "Jornadas de Direito Criminal – O Novo Código Penal Português e Legislação Complementar", CEJ, 1983, pp.273-274.

um conjunto de critérios recondutíveis na sua substância também a questões de culpa (juízo de censurabilidade), como sejam ter o agente agido sob influência de outrém, ter agido por motivo honroso, por forte solicitação da vítima, por provocação injusta e imerecida, terem existido actos que demonstrem arrependimento, entre outros.

A reacção do sistema penal, em face do agente que praticou um crime negligente, deve ter invariavelmente presente o menor desvalor da acção negligente face ao desvalor da acção dolosa. Diferença que, aliás, não escapa à sensibilidade do legislador e que vai muito para além das diferentes molduras penais abstractas, evidenciando-se em normas como, por exemplo, o já referido n.º 3 do artigo 10.º do Código Penal, o qual consagra uma atenuação especial – a conjugar com os artigos 72.º e 73.º do Código Penal – para os casos em que o resultado típico negligente tenha sido causado por mera omissão. Situação onde o já diminuto desvalor da acção negligente, é considerado ainda menor no caso de a conduta do agente se ter limitada a *non facere*.

Assim, a adequação da pena ao crime negligente deverá portanto significar, de forma irredutível, a pena privativa da liberdade como *última ratio*. Ultrapassada que seja esta barreira, quando no caso concreto o juízo de censurabilidade deva ser de tal modo intenso que fundamente uma pena de prisão, situada numa moldura penal abstracta a reacção penal terá de ser ainda proporcional ao grau de ilicitude do facto e à diminuta culpa do agente, em termos que a justifiquem perante as finalidades da prevenção e da reinserção social.

Portanto, e pelo que o grau de culpa no Crime Negligente impõe de diferenciação dogmática, somente nos casos em que se some uma extrema gravidade da lesão de bens jurídicos com uma indiferença do agente pela ordem de valores da comunidade manifestada no facto típico é que poderá a pena privativa da liberdade ser legítima e cumprir qualquer uma das finalidades previstas na lei como seu pressuposto, justificando a interferência com a dignidade pessoal do cidadão, que poderá ver-se cerciado nos seus mais fundamentais direitos.

# REFERÊNCIAS BIBLIOGRÁFICAS

ACHENBACH, HANS
   *Historische und Dogmatische Grundlagen der Strafrechtssystematischen Schuldlehre*, Berlim, Schweitzer Verlag, 1974
   *Individuelle Zurechnung, Verantwortlichkeit, Schuld*, Schunemann (Hrsg), "Grudfragen des Modernen Strafrechtssystems", De Gruyter, 1984
ALBUQUERQUE, PAULO PINTO DE
   *Introdução à Actual Discussão Sobre o Problema da Culpa em Direito Penal*, Coimbra, Almedina, 1994
AMELUNG, KNUT
   *Zur Kritik des Kriminalpolitischen Strafrechtssystem von Roxin*, Schunemman (Hrsg), "Grundfragen des Modernen Strafrechtssystems", De Gruyter, 1984
ANDRADE, MANUEL A. DOMINGUES DE
   *Teoria Geral das Obrigações*, 2ª edição, Coimbra, Almedina, 1936
   *Teoria Geral da Relação Jurídica*, Vol.I, Coimbra, 1960
ANDRADE, MANUEL COSTA
   *A Polícia e as Instâncias Não Formais de Controlo*, "Ciências Criminais", Coimbra, 1976
   *A Nova Lei dos Crimes Contra a Economia à Luz do Conceito de Bem Jurídico*, "Direito Penal Económico", Lisboa, CEJ, 1985
   *A Dignidade Penal e a Carência de Tutela Penal como Referências de uma Doutrina Teleológico-Racional do Crime*, R.P.C.C. n.º 2 (1992) pp.173 ss.
   *Sobre as Proibições de Prova em Processo Penal*, Coimbra, 1992
ANTOLISEI, FRANCESCO
   *Manuale di Diritto Penale*, Milão, Giuffré, 1987
ASCENSÃO, JOSÉ DE OLIVEIRA
   *O Direito – Introdução e Teoria Geral*, Lisboa, Gulbenkian, 1978
   *Teoria Geral do Direito Civil*, 4 Vols., Lisboa, 1992
   *Direito Penal de Autor*, Lisboa, Lex, 1993
   *Direito Penal 1, Roteiro*, Lisboa, AAFDL, 1995/96

ASUA, LUIS JIMENEZ DE
   *Tratado de Derecho Penal*, 3 Vols., 4ª ed., Buenos Aires, Losada, 1964
ATINENZA, M.
   *Las Razones del Derecho. Teoria de la Argumentación Jurídica*, Centro de Estudios Constitucionales, Madrid, 1991

BALBI, GIULIANO
   *La Volontà e il Rischio Penale d'Azione*, Nápoles, Jovene Editore, 1995
BAPTISTA, LUÍS OSÓRIO DA GAMA E CASTRO DE OLIVEIRA
   *Notas ao Código Penal Português*, 2ª ed., Coimbra, 1923
BARATTA, ALESSANDRO
   *Antinomie Giuridiche e Conflitti di Coscienza – Contributo alla Filosofia e alla Critica del Diritto Penale* (1963), Milão, trad. portuguesa por JOÃO CASTRO NEVES e JOSÉ DE SOUSA BRITO, *Crítica da Concepção Antropológica da Liberdade e da Concepção Finalista da Culpa (Welzel)* em "Textos de Apoio de Direito Penal", tomo II, AAFDL, 1983/84
BARGI, ALFREDO
   *Procedimento Probatorio e Giusto Processo*, Nápoles, Jovene Editore, 1990
BARREIROS, JOSÉ ANTÓNIO
   *Processo Penal*, Almedina, Coimbra, 1981
   *Os Novos Critérios Penais: Liberalismo Substantivo, Autoridade Processual?*, R.M.P., n.º 14, 1983
BAURMANN, MICHAEL
   *Zweckrationalitat und Strafrecht, Argumente fur ein tatbezogenes MaBnahmerecht*, Westdeutscher Verlag, 1987
   *Zweickrationalitat im Strafrecht*, Westdeutscher Verlag, 1989
BELEZA, MARIA TERESA COUCEIRO PIZARRO
   *O Mito da Recuperação do Delinquente no Discurso Punitivo do Código Penal de 1982*, R.M.P., n.º 16, 1983
   *Ilicitamente Compartricipando – O Âmbito de Aplicação do art. 28.º do Código Penal*, apud "Estudos em Homenagem ao Prof. Doutor Eduardo Correia", Vol.III, Coimbra, BFDUC, 1984
   *Direito Penal*, 2 Vols., AAFDL, 1985
   *A Moderna Criminologia e a Aplicação do Direito Penal*, R.M.P., n.º 32, 1987
   *Apontamentos de Direito Processual Penal*, AAFDL, 1992
   *Mulheres, Direito, Crime ou a Perplexidade de Cassandra*, Lisboa, AAFDL, 1993

BELLAVISTA, G.
 *Gli Indizi nel Processo Penale* (1971), reedição em "Sudi sul Processo Penale", vol.IV, Turim, 1992
BENVENUTI, F.
 *L'Instruzione nel Processo Amministrativo*, Pádua, 1953
BETTIOL, GIUSEPPE
 *La Regola 'In Dubio Pro Reo' nel Diritto e nel Processo Penale*, "Rivista di Diritto Penale", 1937
 *Scritti Giuridici*, 2 Vols., Pádua, Cevam, 1966
 *Instituições de Direito e Processo Penal*, trad.portuguesa de MANUEL COSTA ANDRADE, Coimbra, 1974
BOCKELMANN, PAUL
 *Willensfreiheit und Zurechnungsfahigkeit*, "Zeitschrift fur die Gesamte Strafrechtswissenschaft", 1963
 *Zur Kritik der Strafrechtskritik*, Warda et al. (Hrsg), "Festschrift fur Richard Lange zum 70. Geburstag", De Gruyter,?
BORGES, MARQUES
 *Direito Penal Económico e Defesa do Consumidor*, Lisboa, Rei dos Livros, 1982
BRITO, JOSÉ DE SOUSA E
 *Direito Criminal*, Lisboa, ISCSPU, 1963
 *Teoria do Direito*, Lisboa, AAFDL, 1976/77
 *Sentido e Valor da Análise do Crime*, "Textos de Apoio de Direito Penal I", tomo I, Lisboa, AAFDL, 1983/84
 *A Lei Penal na Constituição*, "Textos de Apoio de Direito Penal", tomo II, Lisboa, AAFDL, 1983/84
 *Para Fundamentação do Direito Criminal*, "Textos de Apoio de Direito Penal", Lisboa, AAFDL, 1983/84
 *A Medida da Pena no Novo Código Penal*, "Estudos em Homenagem ao Prof. Doutor Eduardo Correia", Vol.III, Coimbra, BFDUC, 1984
BRUGNOLI, A.
 *Certezza e Prova Criminale*, Turim, 1895
BURKHARDT, BJORN
 *Das Zweckmoment im Schuldbegriff*, "Goltdammers Archiv fur Strafrecht", 1976
BURROWS, Sir ROLAND
 *The Responsability of Corporations Under Criminal Law*, "Journal of Criminal Science", 1948

CAENEGEM, RAUL C. VAN
 *La Preuve au Moyen Âge Occidental* , "La Preuve" (Recueils de la Société

Jean Bodin pour L'Histoire Comparative des Instituitions), Vol.XVII, Bruxelas, Librairie Encyclopédique, 1965

CAETANO, MARCELLO
Lições de Direito Penal, 1936/1937
Direito Constitucional, Vol.I, Rio de Janeiro, 1977

CAMPOS, DIOGO LEITE DE
A Responsabilidade Subsidiária, em Direito Tributário, dos Gerentes e Administradores das Sociedades, R.O.A., ano 56, Lisboa, 1996

CANTERO, J. ANTONIO SAINZ
Lecciones de Derecho Penal. Parte General, Vol.I, Barcelona, Bosch, 1982

CAPOGRASSI, G.
Giudizio, Processo, Scienza, Veritá, "Rivista Diritto Processuale", I, 1950

CARNELUTTI, FRANCESCO
La Prova Civile (1915), Roma, re-edição de 1947
Torniamo al Giudizio, "Rivista Diritto Processuale", I, 1949
Diritto e Processo, Nápoles, A Morano, 1958
Massime di Esperienza e Fatti Notori, "Rivista Diritto Processuale", 1959
Metodologia del Diritto (1939), Pádua, Cedam, reedição 1990

CARRARA, F.
Programma del Corso di Diritto Criminale, Parte Generale, Vol. III, Prato, 1886

CARVALHO, ANJOS DE e RODRIGO PARDAL
Código de Processo das Contribuições e Impostos Anotado e Comentado, 1969

CARVALHO, A. TAIPA DE
Condicionalidade Sócio-Cultural do Direito Penal, Coimbra, 1985

CHIOVENDA, G.
Principii di Diritto Processuale Civile, Nápoles, 1923

CLARKSON, C. e H. KEATING
Criminal Law: Text and Materials, Londres, Sweet & Maxwell, 1984

CLUNY, A. FRANCISCO
O Relacionamento da Polícia Judiciária com o Ministério Público e o Poder Judicial em Portugal, R.M.P., n.° 64, 1995

COHEN, L. J.
The Probable and the Provable, Oxford, 1977

COMANDUCCI, P.
La Motivazione in Fatto, "La Conoscenza del Fatto nel Processo Penale", a cargo de GIULIO UBERTIS, Milão, 1992

CONDE, FRANCISCO MUÑOZ
Uber den Materielen Schudbegriff, "Goltdammers Archiv fur Srafrecht", 1978

*Culpabilidad y Prevención en Derecho Penal*, "Cuadernos de Politica Criminal", 1980
*Política Criminal e Dogmática jurídico-penal na República de Weimar*, R.M.P., 67, 1996

CONTRERAS, J.
*La Definición de Criminalidad. Competencias del Derecho Penal y de las Ciencias Sociales*, "Quadernos de Política Criminal", 1981

CORDEIRO, A. ROBALO
*Escolha e Medida da Pena*, "Jornadas de Direito Criminal – O Novo Código Penal Português e Legislação Complementar", Lisboa, C.E.J., 1983

CORDEIRO, ANTÓNIO MENEZES
*Direito das Obrigações*, 2.º vol., Lisboa, AAFDL, reimp. 1990

CORDERO, FRANCO
*Linee di un Processo Accusatorio*, "Juristische Schulung", 1964
*Guida alla Procedura Penale*, Turim, 1986
*Procedura Penale*, Milão, 1987
*Procedura Penale*, Milão, 1993

CORREIA, EDUARDO
*Processo Criminal*, Coimbra, 1954
*Les Preuves en Droit Pénal Portugais*, "Revista de Direito e Estudos Sociais", ano XIV, 1967
*Direito Criminal I*, 1968
*A Influência de Franz von Liszt sobre a Reforma Penal Portuguesa*, Separata do BFDUC, 46, 1970
*El Derecho Penal de Justicia y el Llamado Derecho Penal Administrativo*, Conferência proferida na Real Academia de Jurisprudência e Legislação, em 28 de Fevereiro de 1972
*A Teoria do Concurso em Direito Criminal*, Coimbra, Almedina, Reimp. 1983
*Notas Críticas à Penalização de Actividades Económicas*, "Direito Penal Económico", Lisboa, CEJ, 1985
*Breves Considerações Sobre o Fundamento, o Sentido e a Aplicação das Penas em Direito Penal Económico*, "Direito Penal Económico", Lisboa, CEJ, 1985
*As Grandes Linhas da Reforma Penal*, "Para uma Nova Justiça Penal", Coimbra, Almedina, 1996
*Direito Criminal*, 2 Vols., Reimp., Coimbra, Almedina, 1996

COSTA, E. MAIA
*A Constituição e o Código Penal, Breves Reflexões*, R.M.P., n.º 12, 1982

COSTA, FARIA
*Aspectos Fundamentais da Problemática da Responsabilidade Objectiva*

no *Direito Penal Português*, "Estudos em Homenagem ao Prof. Doutor J.Teixeira Ribeiro", vol.III, ?
*O Perigo em Direito Penal (Contributo para a sua Fundamentação e Compreensão Dogmáticas)*, Coimbra, 1992
COSTA, MÁRIO JÚLIO DE ALMEIDA E
*Direito das Obrigações*, 3ª edição, Coimbra, Almedina, 1979

DANTI-JUAN, MICHEL
*L'Égalité en Droit Pénal*, Paris, Cujas, 1987
DEVESA, JOSÉ MARIA RODRIGUEZ
*Derecho Penal Español. Parte General*, Madrid, 1981
DIAS, JORGE FIGUEIREDO
*Direito Processual Penal*, 2 Vols, Coimbra, 1974
*Liberdade, Culpa e Direito Penal*, Coimbra, 1976
*O Problema da Consciência da Ilicitude em Direito Penal* (1969), Coimbra, 1978
*Os Novos Rumos da Política Criminal e o Dieito Penal Português do Futuro*, R.O.A., n.° 43, 1983
*Pressupostos da Punição e Causas que Excluem a Ilicitude e a Culpa*, "Jornadas de Direito Criminal, O Novo Código Penal Português e Legislação Complementar", Lisboa, C.E.J., 1983
*O Movimento da Descriminalização e o Ilícito de Mera Ordenação Social*, "Jornadas de Direito Criminal – Novo Código Penal Português e Legislação Complementar", Lisboa, C.E.J., 1983
*Sobre o Estado Actual da Doutrina do Crime, 2ª parte, Sobre a Construção do Tipo-de-culpa e os Restantes Pressupostos da Punibilidade*, R.P.C.C., 1.°, ano 2, 1992
*Para uma Dogmática Jurídico-penal do Direito Penal Secundário*, "Revista de Legislação e Jurisprudência", ano 117.°, n.° 3720,?
*Direito Penal Português, Parte Geral II – As consequências jurídicas do crime*, Lisboa, Aequitas Editorial de Notícias, 1993
DIAS, JORGE FIGUEIREDO e MANUEL COSTA ANDRADE
*Criminologia – O Homem Delinquente e a Sociedade Criminógena*, Coimbra Editora, Reimpressão, 1992
DIAS, M. GOMES
*Algumas Implicações da Entrada em Vigor do Novo Código Penal no Sistema Processual Penal*, R.M.P., n.° 13, 1983
DIELMANN, H.
*Guilty Plea' und 'Plea Bargaining' im amerikannischen Strafverfahren – Moglichkeiten fur den Deutschen Strafprozess*, "Goltdammer's Archiv fur Strafrecht", 1981

ENGISCH, KARL
*Die Lehre von der Willensfreiheit in der Strafrechts-philosophischen Doktrin der Gegenwart*, De Gruyter, 1963
*Caraktermangel und Carakterschuld*, De Gruyter, 1980
*Introdução ao Pensamento Jurídico* (1976), trad. portuguesa J. BAPTISTA MACHADO, F. C. Gulbenkian, 6ª edição, Lisboa, 1988

ESPINAR, ZULGALDIA
*Acerca de la Evolucion del Concepto de Culpabilidad*, "Libro Homenaje al Professor Anton Oneca", Ediciones de la Universidad de Salamanca, 1982

ESTEVES, SENA
*Culpa e Psicanálise*, Lisboa, 1964

EUSEBI, LUCIANO
*La "Nuova" Retribuzione. Sezione I: Pena Retributiva e Teorie Preventive*, Rivista Italiana di Diritto e Procedura Penale, 1983
*La "Nuova" Retribuzione. Sezione II: L'Ideologia Retributiva e la Disputa sul Principio di colpevolezza*, Rivista Italiana di Diritto e Procedura Penale, 1983

FAVEIRO, DUARTE e SILVA ARAÚJO
*Código Penal Português Anotado*, 7ª ed., Coimbra Editora, 1971

FEENSTRA, ROBERT
*La Preuve Dans la Civilisation Romaine – Rapport de Synthèse*, in "La Preuve" (Recueils de la Société Jean Bodin pour L'Histoire Comparative des Instituitions), Vol.XVI, Bruxelas, Librairie Encyclopédique, 1965

FENECH, MIGUEL
*El Proceso Penal*, 4ª ed., Madrid, Agesa, 1982

FERRAJOLI, L.
*Diritto e Ragione. Teoria del Garantismo Penale*, Roma-Bari, 1989

FERRARA, FRANCESCO
*Aplicação e Interpretação das Leis*, trad.portuguesa de MANUEL DE ANDRADE, 3ª edição, Coimbra, 1978

FERREIRA, MANUEL CAVALEIRO DE
*Curso de Processo Penal*, 2 Vols, Lisboa, 1955
*Direito Penal I*, Lisboa (Lições coligidas por Eduarda Silva Casca), 1956-1957
*Obra Dispersa*, Univ.Católica, Vol.I, 1933/1959
*Direito Penal*, 2 Vols., Lisboa, 1961
*Curso de Processo Penal*, 2 Vols., Lisboa, 1981
*Direito Penal Português*, 2 Vols., Lisboa, Verbo, 1981
*Lições de Direito Penal*, 2 Vols., Lisboa, Verbo, 1985
*Lições de Direito Penal*, 2 Vols., Lisboa, Verbo, 1992

FIANDACA, GIOVANNI
*Considerazioni su Colpevolezza e Prevenzione*, Rivista Italiana di Diritto e Procedura Penale, 1987
FRANK, J.
*Derecho e Incertidumbre*, trad.espanhola M. BIDEGAIN, Buenos Aires, Centro Editor de America Latina, 1986
FREUDENTHAL
*Schuld und Vorwurf im Geltenden Strafrecht*, 1922
FROMAGEOT, HENRI
*De la Faute Comme Source de la Responsabilité*, Paris, Rousseau, 1987

GALLAS, WILHELM
*Zum Gegenwartigen Stand der Lehre vom Verbrechen*, "Zeitschrift fur die Gesamte Strafrechtswissenschaft", 1955
*Der Dogmatische Teil des Alternativ-Entwurfs*, "Zeitschrift fur die Gesamte Strafrechtswissenschaft", 1968
GAMEIRO, AIRES
*Função Culpabilizante e Desculpabilizante da Palavra de Deus*, "Brotéria", 97, 1973
GANUZAS, F. EZQUIAGA
*Los Juicios de Valor en la Decisión Judicial*, "Anuario de Filosofia del Derecho", 1964
GASPER, J.
*Reformers versus Abolitionists: Some Notes for Further Research on Plea Bargaining*, "Law & Society Review", Nova Iorque, 1979
GIL, F.
*Prove. Attraverso la Nozione di Prova/Dimonstrazione*, Milão, 1990
GILISSEN, JOHN
*La Preuve en Europe du XVI au Début du XIX Siècle*, in "La Preuve" (Recueils de la Société Jean Bodin pour L'Histoire Comparative des Instituitions), Vol.XVII, Bruxelas, Librairie Encyclopédique, 1965
GIULIANI, A.
*Il Concetto di Prova. Contributo alla Logica Giuridica*, Milão, 1961
GONÇALVES, MANUEL LOPES MAIA
*Código Penal Português na Doutrina e na Jurisprudência*, 3ª edição
*Código Penal Português, Anotado e Comentado e Legislação Complementar*, 1ª edição, Coimbra, Almedina, 1983
*Código Penal Português, Anotado e Comentado e Legislação Complementar*, 5ª edição, Coimbra, Almedina,1990
*Código de Processo Penal* (Anotado), 5ª edição, Coimbra, Almedina, 1982

GONZAGA, JOÃO BERNARDINO
  *A Inquisição em seu Mundo*, 7ª ed., São Paulo, Saraiva, 1994
GROPALLI, ALESSANDRO
  *Introdução ao Estudo do Direito*, 3ª ed., trad. portuguesa, Coimbra, 1978

HART, HERBERT L. A.
  *O Conceito de Direito*, trad.portuguesa, Lisboa, 1986
HASSEMER, WINFRIED
  *Alternativen zum Schuldprinzip?*, Baumgarten et al. (Hrsg), "Europaisches Rechtsdenken in Geschichte und Gegenwart, Festschrift fur Helmut Coing zum 70. Geburstag, I", Beck, 1983
  *Einfuhrung in die Grundlagen des Strafrechts* (1981), trad.espanhola em *Fundamentos del Derecho Penal*, Bosch, 1984
  *Pravention im Strafrecht*, "Juristische Schulung", 1987
  *La Ciência Jurídico Penal en la República Federal Alemana*, in "Anuario de Derecho Penal Y Ciencias Penales", tomo XLVI, F.I, 1993
  *História das Ideias Penais na Alemanha do Pós-guerra*, trad. portuguesa por PAULO DE SOUSA MENDES e TERESA SERRA, Lisboa, AAFDL, 1995
HASSEMER, WINFRIED e GUNTER ELLSCHEID
  *Strafe ohne Vorwurf. Bemerkungen zum Grund Strafrechtlicher Haftung*, "Civitas – Jahrbuch fur Sozialwissenschaften" (1970), Reprint in Luderssen/ Sack (Hrsg), "*Seminar: Abweichendes Verhalten, II, 1: Die Selektion der Normen der Gesellschaft*", Suhrkamp, 1975
HULSMAN, LOUK
  *Peines Perdues. Le systeme pénal en question*, Paris, 1982

IBÁÑEZ, ANDRÉS
  *Neutralidade ou Pluralismo na Aplicação do Direito? Interpretação Judicial e Insuficiências do Formalismo*, trad. portuguesa A. ESTEVES REMÉDIO, R.M.P., n.° 65, 1996

JACKOBS, GUNTHER
  *Studien zum Fahrlassigen Erfolgsdelikt*, De Gruyter, 1972
  *Vermeidbares Verhalten und Strafrechtssystem*, Stratenwerth et al. (Hrsg), "Festschrift fur Welzel zum 70. Geburstag", De Gruyter, 1974
  *Schuld und Praevention*, Tubingen, Mohr (Paul Siebeck), 1976
  *Die Subjective Tatseite von Erfogsdelikten bei Risikogewohnung*, Frish et al. (Hrsg), "Festschrift fur Hans-Jurgen Bruns zum 70. Geburstag", Carl Heymanns Verlag, 1978
  *Strafrechtliche Schuld ohne Willensfreiheit?*, Heinrich Dieter, "Aspeckte der Freiheit", Mittelbayerische Druckerei, 1982

*Strafrecht – Allgemeiner Teil, Die Grundlagen und dir Zurechnungslehre*, De Gruyter, 1983

*Uber die Aufgabe der Subjectiven Deliktsseite im Strafrecht*, Witter (Hrsg), "Der Psychiatrische Sachverstandige im Strafrecht", Springer Verlag, 1987, trad. Espanhola, "Anuario de Derecho Penal y Ciencias Penales", 1989

*Uber die Behandlung von Wollensfehlern und von Wissensfehlern*, "Zeitschrift fur die Gesamte Strafrechtswissenschaft", 1989

*Strafrecht – Allgemeiner Teil*, "Die Grundlagen und die Zurechnungslehre", 2ª ed., De Gruyter, 1991

*El Principio de Culpabilidad*, "Anuario de Derecho Penal y Ciencias Penales", 1992

JAGER, HERBERT

*Strafrecht und Psychoanalytische Theorie*, em Roxin et al. (Hrsg.) "Grundfragen der Gesamten Strafrechtswissenschaft, Festschrift fur Heinrich Henkel zum 70. Gerburstag", De Gruyter,?

JESCHECK, HANS-HEINRICH

*Die Kriminalpolitische Konzeption des Alternativ-Entwurfs eines Strafgesetzbuchs* (Allgemeiner Teil), "Zeitschrift fur die Gesamte Strafrechtswissenschaft", 1968

*Tratado de Derecho Penal – Parte General*, trad. MIR PUIG, Madrid, Bosch, 1981

*Lehrbuch des Strafrechts – Allgemeiner Teil*, 4ª ed., Berlim, Duncker, 1988

JORGE, FERNANDO PESSOA

*Direito das Obrigações*, Lisboa, AAFDL, 1963

KARGL

*Kritik des Schuldprinzips*, 1982

KAUFMANN, ARTHUR

*Das Schuldprinzip*, 1961

*Dogmatische und Kriminalpolitische Aspeckte des Schuldgedankens im Strafrecht*, "Juristenzeitung", 1967

*Schuldprinzip und Verhaltnismassigkeitsgrundsatz*, em Warda et al. (Hrsg), "Festschrift fur Richard Lange zum 70. Geburstag", De Gruyter, 1976

KELSEN, HANS

*Teoria Pura do Direito*, 2ª ed., trad. portuguesa, 2 vols., Coimbra, 1962.

KUBLER, BERNARD

*Les degrés de faute ans les systèmes juridique de l'antiquité*, "Introduction à l'étude du Droit Comparé (Recueil d'études en l'honneur de Ed.Lambert", vol.I, Paris, 1938

KUNZ, KARL
: *Pravention und Gerechte Zurechnung – Uberlegungen zur normativen Kontrolle Utilitarischer Strafbegrundung*, "Zeitschrift fur die Gesamte Strafrechtswissenschaft", 1986

LATORRE, ANGEL
: *Introdução ao Direito*, trad.portuguesa, Coimbra, Almedina, s.d.

LARENZ, KARL
: *Methodenlehre der Rechtswissenschaft*, trad.espanhola *Metodologia de la Ciencia del Derecho*, Barcelona, Ariel, 1979

LARGUIER, JEAN
: *Procédure Pénale*, 4ª ed., Paris, Dalloz, 1994

LÉVY, JEAN-PHILIPE
: *L'Évolution de la Preuve des Origines à nos Jours*, in "La Preuve" (Recueils de la Société Jean Bodin pour L'Histoire Comparative des Instituitions), Vol.XVII, Bruxelas, Librairie Encyclopédique, 1965

LINDESMITH, A. e Y. LEVIN
: *The Lombrosian Myth in Criminology*, "American Journal of Sociology", 1937

LINHARES, J. M. AROSO
: *Regras de Experiência e Liberdade Objectiva do Juízo de Prova – Convenções e Limites de um Possível Modelo Teorético*, Coimbra, 1988

LOMBARDO, L.G.
: *Ricerca della Verità e Nuovo Processo Penale*, "Cassazione Penale, 1993

LOURENÇO, ALVES
: *Enciclopédia Luso-Brasileira de Cultura*, Vol.6, item "Culpa Dir.Can.", Lisboa, Verbo, 1979

LUHMANN, NIKLAS
: *Rechtssystem und Rechtsdogmatike*, Estugarda, Verlag Kohlhammer, 1974
*Rechtssoziologie*, 2ª ed., Opladen, Westdeutscher Verlag, 1983

MAGALHÃES, LUIZ GONZAGA DE ASSIS TEIXEIRA DE
: *Manual do Processo Penal*, Coimbra, 1923

MAIWALD, MANFRED
: *Gedanken zu einem sozialen Schuldbegriff*, em Kuper et al. (Hrsg), "Festschrift fur Karl Lackner zum 70. Geburstag", De Gruyter, 1987

MALATESTA, NICOLAU FRAMARINO DEI
: *A Lógica das Provas em Matéria Criminal*, 2 Vols., trad. portuguesa J. ALVES DE SÁ, Lisboa, 1911

MALDONADO, M.
: *Alguns Aspectos da História da Criminologia em Portugal*, Separata do

n.º 22 do "Boletim da Administração Penitenciária e dos Institutos de Criminologia",?

MALHEIROS, M. MACAÍSTA

*O Ilícito Penal Económico e o Código Penal de 1982*, R.M.P. n.º 13, 1983

MANNARINO, N.

*Le Massime d'esperienza nel Giudizio Penale e il Loro Controllo in Cassazione*, Pádua, 1993

MANUEL, COBO DEL ROSA e VIVES ANTON

*Derecho Penal. Parte General*, Univ.Valença, 1982

MANZINI, VICENZO

*Diritto Penale Italiano*, 2 Vols., Turim, 1950

*Trattato di Diritto Processuale Penale Italiano*, 6ª ed., 4 Vols., Turim, 1970

MARCELINO, AMÉRICO

*A Propósito do Crime Continuado*, R.M.P., n.º 35 e 36, 1988

MARINUCCI, GIORGIO e EMILIO DOLCINI

*Constituição e Escolha dos Bens Jurídicos*, em R.P.C.C. n.º 4, 1994

*Corso di Diritto Penale 1, Nozione, Struttura e Sistematica del Reato*, Milão, Giuffré, 1995

MATTA, CAEIRO DA

*Direito Criminal Português*, Coimbra, 2 Vols., 1911

MAZEAUD, HENRI ET LÉON e ANDRÉ TUNC

*Traité Théorique et Pratique de la Responsabilité Civile, Délictuelle et Contratuelle*, 16ª ed., Paris, Montchrestien, 2 Vols., 1975

MELLO, ALBERTO DE SÁ E

*Responsabilidade Civil – Critérios de Apreciação da Culpa*, Relatório de Mestrado 1986/87

MENNA, MARIANO

*Logica e Fenomenologia della Prova*, Nápoles, Jovene Editore, 1992

MERLE, PHILIPPE

*Les Présomptions Légales en Droit Penal*, Paris, 1970

MICHELI, G. A.

*Jura Novit Curia*, em Rivista Diritto Processuale, 1961

MIR, CEREZO

*Culpabilidad y Pena*, "Anuario de Derecho Penal y Ciencias Penales", 1980

MIRANDA, JORGE

*Manual de Direito Constitucional*, 4 Vols., Coimbra Editora, 1985

*Constitucionalidade da Protecção Penal dos Direitos de Autor e da Propriedade Industrial*, R.P.C.C., 4, 1994

MONTEIRO, CRISTINA LÍBANO

*Perigosidade de Inimputáveis e 'In Dubio Pro Reo'*, "Stvdia Ivridica", 24, Coimbra, 1997

MONTESANO, L.
　　*Le 'Prove Atipiche' nelle 'Presunzioni' e negli 'Argomenti' del Giudice Civile*, "Rivista de Diritto Processuale", 1980
MONTESQUIEU
　　*Lo Spirito de la Legge* (1748), trad.italiana, vol.I, Turim, 1952
MOREIRA, GUILHERME ALVES
　　*Instituições do Direito Civil Português*, II Vol., Coimbra 1916
MOURA, J. SOUTO DE
　　*A Questão da Presunção de Inocência do Arguido*, RMP, n.º 42, 1990, pp.31-47.

NAZARETH, FRANCISCO DUARTE
　　*Elementos do Processo Criminal*, 7ª edição, Coimbra, 1886
NAVARRO, LUIZ LOPES
　　*Direito Penal, A Lei Penal – O Crime – As Circunstâncias Derimentes – A Aplicação das Penas*, Coimbra Editora, 1932
NETTLER, G.
　　*Explainig Crime*, Nova Iorque, McGraw-Hill, 1978
NEUMANN, ULFRID
　　*Neue Entwicklungen im Bereich der Argumentationsmuster zur Begrundung oder zum Ausschluss Strafrechtlicher Verantwortlichkeit*, "Zeitschrift fur die Gesamte Strafrechtswissenschaft", 1987
NEVES, ANTÓNIO CASTANHEIRA
　　*Questão-de-facto Questão-de-Direito ou O Problema Metodológico da Juridicidade*, Almedina, Coimbra, 1967
　　*Metodologia Jurídica, Problemas Fundamentais*, "Stvdia Ivridica", 1, Coimbra Editora, 1993
NICOD, JEAN-CLAUDE
　　*A Especialização no Sistema Penal Francês*, trad.portuguesa por ANA GIORGINI e E. MAIA COSTA, R.M.P., n.º 63, 1995
NOBILI, M.
　　*Il Principio del Libero Convincimento del Giudice*, Milão, 1974
　　*Nuove Polemiche sulle Cosidette 'Massime d'Esperienza'*, Bolonha, 1989
　　*Concetto di Prova e Regime di Utilizzazione Degli Atti nel Nuovo Codice di Procedura Penale*, "Foro Italiano", Vol,V, 1989
　　*Il Nuovo 'Diritto delle Prove' ed un Rinnovato Concetto di Prova*, "Legislazione Penale", 1989
NOLL, PETER
　　*Schuld und Pravention unter dem Gesichtpunkt der Rationalisierung des Strafrechts*, 1966

NOWAKOWSKI, FRIEDRICH
  *Freiheit, Schuld, Vergeltung*, 1957
NUVOLONE, PIETRO
  *Norme Penali e Principi Costituzionali*, 1957

ORDEIG, GIMBERNAT
  *Hat die Strafrechtsdogmatik eine Zukunft?* (1970), trad.espanhola em *Problemas Actuales de Derecho Penal y Procesual*, Salamanca, 1971
  *Estudios de Derecho Penal*, Madrid, Civitas, 1976
  *Introduccion a la Parte General del Derecho Penal Español*, Madrid, 1979

PALMA, MARIA FERNANDA
  *Direito Penal, Teoria do Crime*, Lisboa, 1984
  *O Estado de Necessidade Justificante no Código Penal de 1982*, "Estudos em Homenagem ao Prof.Doutor Eduardo Correia", Vol.III, Coimbra, BFDUC, 1984
  *A Justificação por Legítima Defesa como Problema de Delimitação de Direitos*, 2 Vols., Lisboa, AAFDL, 1990
PASTORE, BALDASSARE
  *Giudizio, Prova, Ragion Pratica. Un Approccio Ermeneutico*, Milão, Giuffré Editore, 1996
PATTI, S.
  *Libero Convincimento e Valutazione delle Prove*, "Rivista de Diritto Processuale", 1985
PEREIRA, RUI
  *Aulas Teóricas de Direito Penal I*, (fotocópias F.D.L.), relatadas por AMADEU FERREIRA, Lisboa 1988/89
PERELMAN, CH. e L. OLBRECHTS-TYTECA
  *Trattato dell'Argumentazione. La Nuova Retorica* (1958), trad.italiana, Turim, 1966
PETROCELLI, BIAGGIO
  *La Colpevolezza*, Pádua, 1957
PISTOLESE, G.R.
  *La Prova Civile per Prezunzioni e le c.d. Massime di Esperienza*, Pádua, 1935
PUIG, MIR
  *Función della pena y Teoria del Delito en el Estado Social y Democrático de Derecho*, Bosch, 2ª edição, 1982
  *Función Fundamentadora y Función Limitadora de la Prevención General Positiva*, "Anuario de Derecho Penal y Ciencias Penales"

RABUT, ALBERT
   *De La Notion de Faute en Droit Privé*, Paris, 1949
RASSAT, MICHÉLE-LAURE
   *Droit Penal*, Paris, Publications Universitaires de France, 1987
RIBEIRO, J. TEIXEIRA
   Anotação ao Acórdão do STA de 28.11.90, em RLJ n.° 3815
ROCHA, MANUEL ANTÓNIO LOPES
   *Irresponsabilité Pénale des Persones Morales, Responsabilité Pénal du Fait d'Autrui*, em BMJ n.° 276, 1978
   *A Responsabilidade Penal das Pessoas Colectivas – Novas Perspectivas*, "Direito Penal Económico", Lisboa, C.E.J., 1985
   *O Novo Código Penal Português, Algumas Considerações sobre o Sistema Monista das Reacções Criminais*, "Para uma Nova Justiça Penal", (1983), Reimp., Coimbra, Almedina, 1996
ROUSSEAU, JEAN-JACQUES
   *Du Contrat Social, ou Principes du Droit Politique* (1772), trad. portuguesa por ROGÉRIO FERNANDES, Lisboa, Portugália ed., 1968
ROUX, J.-A.
   *Cours de Droit Criminel Français*, 10ª ed., Paris, 1988
ROXIN, CLAUS
   *Política Criminal y Sistema del Derecho Penal*, Barcelona, Bosch, 1972
   *Uber den Rucktritt vom unbeendeten Versuch*, em Luttger et al. (Hrsg), "Festschrift fur Ernst Heinitz zum 70", De Gruyter, 1972
   *Schuld und Verantwortlichkeit als strafrechtiche Systemkategorien*, em Roxin et al. (Hrsg), "Grundfragen der esamten Strafrechtwissenchaft, Festschrift fur Heinrich Henkel zum 70, Geburstag", De Gruyter, 1974
   *'Culpabilidad' y 'Responsabilidad' como Categorias Sistemáticas Jurídicopenales*, "Problemas Básicos del Derecho Penal", trad.espanhola, Madrid, Reus, 1976
   *Strafrecht, Allgemeiner Teil, Band I: Grundlagen, Der Aufbau der Verbrechenslehre*, Munique, C.H.Beck, 1990
   *Questões Fundamentais da teoria da responsabilidade*, trad. portuguesa M.Conceição Valdágoa, R.P.C.C., n.° 4, 1991
   *Strafrecht, Allgemeiner Teil, Band I: Grundlagen, Der Aufbau der Verbrechenslehre*, Munique, C.H.Beck, 1992

SANTOS, BELEZA DOS
   *Direito Criminal* (Lições coligidas por Hernâni Marques), 1936
SANTOS, SIMAS e LEAL HENRIQUES
   *Jurisprudência Penal*, Lisboa, Rei dos Livros, 1995

SARTRE, JEAN-PAUL
    *Questioni di Metodo* (1957), trad.italiana em "*Critica della Ragione Dialetica*", Milão, 1963

SATTA, S.
    *Il Mistero del Processo*, "Rivista Diritto Processuale", I, 1949

SCARPELLI, U.
    *Introduzione all'Analisis delle Argumentazioni Giudiziarie*, "Diritto e Analisi del Linguagio, Milão, Edizioni di Comunitá, 1976

SCHEFFLER
    *Kriminologische Kritik des Schuldstrafrechts*, 1985

SCHONEBORN, CHRISTIAN
    *Schuldprinzip und Generalpraventiver Aspekt*, "Zeitschrift fur die Gesamte Strafrechtswissenschaft", 1976

SCHOPENAUER, ARTHUR
    *Uber die Freiheit des Willens*, Frankfurt, 1839

SCHREIBER, HANS-LUDWIG
    *Richterakademie Trier*, Festschrift Festagabe, 1983

SCHUNEMANN, BERND
    *Einfuhrung in das Strafrechtiche Systemdenken*, De Gruyter, 1984
    *L'Evoluzione della Teoria della Colpevolezza nella Republica Federale Tedesca*, trad.italiana em RIDPP, 1990
    *La Política Criminal y el Sistema de Derecho Penal*, trad. espanhola em "Anuario de Derecho Penal y Ciencias Penales", 1991

SERRA, TERESA
    *Problemática do Erro Sobre a Ilicitude*, reimp., Coimbra, Almedina, 1991
    *Homicídio Qualificado, Tipo de Culpa e Medida da Pena*, reimp., Coimbra, Almedina, 1992

SILVA, MANUEL GOMES DA
    *Conceito e Estrutura da Obrigação*, Lisboa, 1943
    *O Dever de Prestar e o Dever de Indemnizar*, Vol.I, Lisboa, 1944

SIRACUSANO, D.
    *Prova: III) Nel Nuovo Codice de Procedura Penale*, in "Enciclopedia Giuridica Treccani", Vol.XXV, Roma, 1991

SKOLNICK, J.
    *Justice Without Trial – Law Enforcement in a Democratic Society*, Nova Iorque, Willey, 1966

SOUSA, CAETANO PEREIRA E
    *Primeiras Linhas Sobre o Processo Criminal*, 2ª ed., Lisboa, 1800

SOUSA, NUNO JOSÉ DE ALBUQUERQUE
    *A Liberdade e o Direito*, apud "Estudos em Homenagem ao Prof. Doutor Eduardo Correia", Vol.III, Coimbra, BFDUC, 1984

Sousa, J. Castro e
: *As Pessoas Colectivas em Face do Direito Criminal e do Chamado "Direito de Mera Ordenação Social"*, Coimbra, 1985

Sousa Mendes, Paulo de
: *O Torto Intrinsecamente Culposo como Condição Necessária da Imputação da Pena*", Coimbra, 2007

Stratenwerth, Gunter
: *Die Zukunft des Strafrechtlichen Schuldprinzips*, C.F.Muller, 1977
: *Willensfreiheit – Eine Staatsnotwendige Fiktion?*, "Schweizerische Zeitschrift fur Strafrecht", 1984

Streng, Franz
: *Schuld, Vergeltung, Generalpraevention, Eine Tiefenpsychologische Rekonstruktion Strafrechtlicher Zentralbegriffe*, "Zeitschrift fur die Gesamte Strafrechtswissenschaft", 1980
: *Schuld Ohne Freiheit? Der Funktionale Schuldbegriff auf dem Prufstand*, "Zeitschrift fur die Gesamte Strafrechtswissenschaft", 1989

Tarski, A.
: *La Concezione Semantica della Veritá e i Fondamenti della Semantica*, (1952), trad. italiana em "Semantica e Filosofia del Languagio", a cargo de L. Linsky, Milão, 1969

Taruffo, M.
: *Studi sulla Rilevanza della Prova*, Pádua, 1970
: *La Motivazione della Sentenza Civile*, Pádua, 1975
: *La Prova dei Fatti Giuridici, Nozioni Generali*, Milão, 1992

Telles, Inocêncio Galvão
: *Direito das Obrigações*, 6ª edição, Coimbra, 1989

Tiemeyer, Jurgen
: *Zur Moglichkeit eines Erfahrungswissenschaftlich Gesicherten Schuldbegriffs*, "Zeitschrift fur die Gesamte Strafrechtswissenschaft", 1988

Ubertis, Giulio
: *Fatto e Valore nel Sistema Probatorio Penale*, Milão, 1979
: *La Disciplina del Giudizio di Primo Grado*, "Sisifo e Penelope. Il Nuovo Codice di Procedura Penale dal Progetto Preliminare alla Riconstruzione del Sistema", Turim, 1991
: *La Ricerca della Verità Giudiziale*, "Sisifo e Penelope. Il Nuovo Codice di Procedura Penale dal Progetto Preliminare alla Riconstruzione del Sistema", Turim, 1993
: *Diritto alla Prova nel Processo Penale e Corte Europea dei Diritti dell'Uomo*, "Rivista di Diritto e Procedura Penale", 1994

*La Prova Penale, Profili Giuridici ed Epistemologici*, Turim, Utet, 1995

VADILLO, ENRIQUE RUIZ

*La Culpabilidad Culposa y la Responsabilidad civil Subsidiaria en el Proyecto de Codigo Penal y la Exigencia de Responsabilidades Civiles en el Supuesto de Sentencias Absolutorias Penales, en el Novísimo Proyecto de Ley Organica de Reforma Parcial de Dicho Texto Legal*, "Revista del Ilustre Colegio de Abogados del Señorio de Vizcaya", 1982

VALDÁGOA, MARIA CONCEIÇÃO

*Alguns Apontamentos de Direito Penal (Parte Geral)*, Lisboa, AAFDL, 1991/92

VARBES, H. DONNEDIEU DE

*Traité Élémentaire de Droit Criminel et de Législation Pénale Comparé*, Paris, 1967

VARELA, JOÃO DE MATOS ANTUNES

*Das Obrigações em Geral*, Vol.I, Coimbra, 1989

VASCONCELOS, PEDRO PAIS DE

*Teoria Geral do Direito Civil*, fascículos, Lisboa, Lex, 1995/96

WELZEL, HANS

*Das Deutsche Strafrecht, Eine Systematische Darstellung*, 1969

*Personlichkeit und Schuld*, "Zeitschrift fur die Gesamte Strafrechtswissenschaft", reimp. em *Abhandlungen zum Strafrecht und zur Rechtphilosophie*, De Gruyter, 1975

WESSELS, JOHANNES

*Direito Penal – Parte Geral*, trad.portuguesa por JUAREZ TAVAREZ, Porto Alegre, 1976

*Strafrecht, Allgemeiner Teil*, "Die Straftat und ihr Aufbau", 1990